Abenteuer Spiel 1

Handbuch zur Anleitung kooperativer Abenteuerspiele

3. überarbeitete Auflage

Christoph Sonntag

Gelbe Reihe : Praktische Erlebnispädagogik

Dieser Titel ist auch als eBook erhältlich
ISBN 978-3-944 708-07-2

Sie finden uns im Internet unter
www.ziel-verlag.de

Bibliografische Information der Deutschen Nationalbibliothek
Die Deutsche Nationalbibliothek verzeichnet diese Publikation in der Deutschen Nationalbibliografie; detaillierte bibliografische Daten sind im Internet über *http://dnb.d-nb.de* abrufbar.

Printed in Germany

ISBN 978-3-940 562-52-4 (Print)

Verlag: ZIEL – Zentrum für interdisziplinäres erfahrungsorientiertes Lernen GmbH
Zeuggasse 7–9, 86150 Augsburg, www.ziel-verlag.de
3. überarbeitete und erweiterte Auflage 2010 (Nachdruck 2024)

Illustrationen: Jochen Plogsties

Bildnachweis: Foto „Einer geht noch" – Torsten Wolter
Porträtfoto Jochen Plogsties – Inga Kerber
Alle anderen Fotos – Christoph Sonntag

Gesamtherstellung: FRIENDS Menschen Marken Medien
www.friends.ag

An dieser Stelle möchte ich zunächst einmal Daniel danken, ohne dessen Anstoß es dieses Buch wohl nie gegeben hätte.

Dann geht ein besonderer Dank an Rüdiger und Kitzi, die mich mit ihrer Spielfreude und Fantasie angesteckt haben. Darüber hinaus haben sie mich in vielen Gesprächen und Diskussionen immer wieder bestärkt und unterstützt.

Den letzten Schliff bei der Ausformulierung verdanke ich Sybille, die in mühevoller Kleinarbeit das komplette Buch überarbeitet hat. Vielen Dank!

Und zuletzt möchte ich mich noch bei Katja bedanken, die den kompletten Prozess begleitet hat. Sie war mir während der ganzen Zeit eine unschätzbare Unterstützung und Hilfe.

Inhaltsverzeichnis

Einleitung

Einleitung

Eine Gruppe von jungen Erwachsenen bekommt die Aufgabe, aus ihren Schuhen einen möglichst hohen Turm zu bauen. Beim Bau dieses Turms dürfen die Teilnehmenden ihre Schuhe allerdings nicht ausziehen!

Als zusätzliche Schwierigkeit darf keiner der Teilnehmenden seine bzw. ihre beiden Schuhe direkt übereinanderstellen.

Der „Schuhtower“ ist ein großartiges Spiel und beinhaltet alles, was ein gutes kooperatives Abenteuerspiel ausmacht: Problemlösung, Herausforderung, Spaß, Gemeinschaft, kooperation und kreatives Denken.

Die meisten Abenteuerspiele bestechen durch ihre Einfachheit und lassen sich vermeintlich leicht erklären. Doch bei jedem Spiel gibt es zahlreiche Möglichkeiten und Varianten, die im Vorfeld bzw. während des Spielverlaufs von der Spielleitung überlegt und entschieden werden müssen:
Wie viele Personen können maximal an einem Turm bauen, ohne dass die Sicherheit der Einzelnen gefährdet ist und alle die Chance haben, sich aktiv am Spielgeschehen zu beteiligen?

Welchen Einfluss auf die Gruppendynamik hat es, wenn die Teilnehmenden in verschiedene Kleingruppen aufgeteilt werden, die parallel zueinander mehrere Türme bauen?

Sollen die Teilnehmenden eine bestimmte Anzahl an Schuhen übereinanderstapeln oder soll sich die Gruppe ihre Vorgabe selbst überlegen?

Was passiert, wenn die Gruppe scheitert? Welche Möglichkeiten hat die Spielleitung, mit dieser Situation umzugehen?

Welche sozialen Anforderungen stellt diese Aufgabe an die Gruppe? Wie können diese in einer anschließenden Reflexion thematisiert werden?

Darüber hinaus können schon kleinste Veränderungen in der Spielanleitung das Spielgeschehen nachhaltig beeinflussen und verändern.

Wird das Spiel barfuß gespielt, spüren die unteren Personen das gesamte Gewicht der oberen Füße auf ihren Zehen. Der Spielspaß sinkt dadurch erheblich und das Verletzungsrisiko steigt.

Die Regel, dass keine Person ihre beiden Schuhe direkt übereinanderstapeln darf, führt dazu, dass die Teilnehmenden sich viel stärker gegenseitig halten und stützen müssen. Fällt die Regel weg, verringert sich der Schwierigkeitsgrad, aber möglicherweise auch die Ideenvielfalt.

Die Anleitung von kooperativen Abenteuerspielen stellt die Spielleitung vor viele offene Fragen und Aufgaben.

In diesem Buch werden diese Aufgaben phasenspezifisch beschrieben. Es werden die verschiedenen Möglichkeiten in der Anleitung vorgestellt und es wird erläutert, welchen Einfluss die jeweilige Entscheidung auf das Spielgeschehen hat.

Darüber hinaus werden wichtige Hintergründe und Theorien erklärt und Anregungen im Umgang mit den verschiedenen Spielsituationen gegeben.

Alle Überlegungen werden möglichst praxisnah erklärt und teilweise anhand von Spielbeispielen konkretisiert. Die dabei verwendeten Situationen basieren auf sehr weit verbreiteten und größtenteils bekannten Spielideen bzw. Spielen aus dem Buch „Abenteuer Spiel 2 – Eine Sammlung kooperativer Abenteuerspiele".

Kooperative Abenteuerspiele

Kooperative Abenteuerspiele

Kooperative Abenteuerspiele sind eine Spielform, bei der die Teilnehmenden auf spielerische Art und Weise mit herausfordernden Situationen und Aufgaben konfrontiert werden, die nur zu bewältigen sind, wenn alle Teilnehmenden zusammenarbeiten und gemeinsam nach einer Lösung suchen. Die anschließende Auseinandersetzung mit dem Erlebten gibt der Gruppe und den einzelnen Teilnehmenden die Gelegenheit, Rückschlüsse auf die Art und Weise der Zusammenarbeit in der Gruppe und das eigene Handeln zu ziehen.

Das Konzept der kooperativen Abenteuerspiele basiert dabei auf einer Verzahnung von spiel-, erlebnispädagogischen und gruppendynamischen Überlegungen. Verkürzt gesagt entsprächen die Kooperation der Gruppendynamik, das Abenteuer der Erlebnispädagogik und das Spiel der Spielpädagogik (vgl. Gilsdorf/Kistner 1995, 13–18).

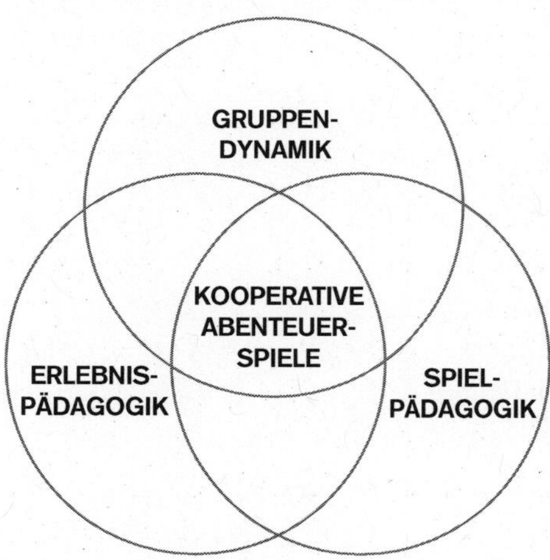

Das besondere Merkmal dieser Spielform ist die Kombination aus Spaß und Gruppenprozess, Spiel und Übung, Leichtigkeit und Bedeutsamkeit, Lachen und Lernen. Kooperative Abenteuerspiele sind ideal geeignet, um innerhalb von Gruppen persönlich bedeutsame Lernprozesse zu initiieren und den Teilnehmenden Kompetenzen aus dem Bereich des sozialen Lernens zu vermitteln.

Abenteuerspiele

Mittelpunkt oder Höhepunkt der kooperativen Abenteuerspiele sind die Abenteuerspiele, in der Literatur auch oft Problemlösungsaufgaben, Kooperationsaufgaben oder Initiativübungen genannt. Sie bilden den Kern dieser Spielform und lassen sich wie folgt definieren:

- Bei einem Abenteuerspiel handelt es sich um eine *klar umrissene Aufgabenstellung*, die für die Gruppe als Ganzes gilt,
- von dieser als eine *subjektiv anspruchsvolle Herausforderung* angesehen wird,
- eine gewisse *Ernsthaftigkeit* von den Teilnehmenden erfordert und mitunter Grenzerfahrungen ermöglicht,
- einen rein *spielerischen Charakter* besitzt,
- einen *hohen Aufforderungsgrad* für die Teilnehmenden beinhaltet bzw. von der Gruppe als reizvoll und neuartig erlebt wird,
- der Gruppe zur Bewältigung angeboten wird und zu der sich die Gruppe *freiwillig entscheidet*.

(Vgl. Gilsdorf/Kistner 1995)

Es ist einfach spannend und knifflig, als gesamte Gruppe eine schwierige Aufgabe wie beispielsweise „Das Spinnennetz" zu meistern. Alle Spielenden sollen ein mit Seilen gespanntes Spinnennetz durchqueren, ohne die Seile zu berühren. Jede Öffnung darf jedoch nur einmal benutzt werden. Die Spielerinnen und Spieler befinden sich in einer völlig ungewohnten Situation. Zuerst muss eine Taktik entwickelt werden, wie alle Teilnehmenden es schaffen könnten. Dann müssen die Gruppenmitglieder den einzelnen Personen helfen, die Öffnungen sicher zu passieren. Es können verschiedene Meinungen und Lösungsvorschläge aufkommen usw.

Spiel, Aufgabe oder Übung?

Kooperative Abenteuerspiele sind weder reine Spaßspiele noch reine Lernübungen. Sie beinhalten sowohl Spaß als auch soziales Lernen und verbinden diese zu reizvollen Aufgaben mit einem hohen Anforderungsprofil.

Der gemeinsame Spielspaß motiviert die Spielenden, sich auf eine Problemlösungsaufgabe mit hohem Anforderungsgrad und die damit verbundenen Schwierigkeiten einzulassen, und bildet die Grundlage einer Spielsequenz.

Innerhalb der einzelnen Spiele kann der Spaß jedoch an Bedeutung verlieren und einer intensiven Lernerfahrung weichen. Der Anforderungscharakter der kooperativen Abenteuerspiele führt immer wieder zu Spannungen und zu Auseinandersetzungen und Konflikten innerhalb der Gruppe. Auch kommt es vor, dass eine Gruppe sich so schwer mit der Lösung der Aufgabe tut, dass sich die Stimmung gegen die Spielleitung wendet. Aufgabe der Spielleitung ist es, solche Situationen nicht zu vermeiden, sondern Konflikte aufzugreifen, den Prozess zu begleiten, damit er zu einer konstruktiven Lernerfahrung für die Gruppe oder Einzelne werden kann.

Im Sinne eines pädagogischen Lernprozesses werden diese Aufgaben also nicht abgebrochen, wenn es schwierig wird, sondern bis zu dem Zeitpunkt weitergespielt, bis entweder die Gruppe eine Lösung gefunden hat, sich alle gemeinsam dafür entscheiden, das Spiel zu beenden, oder eine Intervention der Spielleitung notwendig wird.

Spielsequenzen

Kooperative Abenteuerspiele beinhalten neben den Kooperationsaufgaben noch Kennenlernspiele, Warm-up-Spiele, Wahrnehmungsspiele, Vertrauensspiele und Reflexionsübungen.

Die einzelnen Spiele sind wie die Teile eines Bausatzes. Sie können jeweils für sich gespielt, aber auch zu ganzen Spieleinheiten zusammengestellt werden.

Eine gelungene Spielsequenz kooperativer Abenteuerspiele basiert auf den gleichen Basistheorien wie andere erlebnispädagogische Einheiten und Aktionen. Sie ist im Vergleich jedoch wesentlich übersichtlicher und auch einfacher umzusetzen als andere Methoden der Erlebnispädagogik, die nur mit speziellen Techniken und in der geeigneten Umgebung durchzuführen sind.

Kooperative Abenteuerspiele sind relativ einfach aufgebaut, das heißt, sie basieren auf Aufgaben, die ohne spezielles Wissen oder Techniken zu absolvieren sind, und können an fast allen Orten durchgeführt werden. Sie werden deshalb auch als „Abenteuer in Pillenform" bezeichnet (Heckmair/Michl 1998, 183), wobei damit nicht gemeint ist, dass sie deshalb auf die leichte Schulter genommen werden sollten.

Unabhängig von der Auswahl und Zusammenstellung der Spiele sollte jede Spielsequenz folgende Merkmale beinhalten:

Spaß und Bewegung
Der gemeinsame Spielspaß und die spielerische Bewegung ermöglichen es den Teilnehmenden, sich zu öffnen und sowohl körperlich als auch geistig in „Bewegung zu kommen". Sie sind die Grundlage zur Bildung einer Atmosphäre der Sicherheit und des Vertrauens innerhalb der Gruppe und maßgeblich daran beteiligt, dass es gelingt, einen persönlich bedeutsamen Lernprozess zu initiieren.

Kooperation und Problemlösung
Die Teilnehmenden werden innerhalb einer spielerischen Aktion mit Problemen konfrontiert, die nur von der Gruppe als Ganzes gelöst werden können. Die Teilnehmenden müssen untereinander in Interaktion treten, sich absprechen und gegenseitig unterstützen. Jede Herausforderung hat einen potenziell offenen Ausgang. Aus der Frage „Werden wir es schaffen?" bezieht das Geschehen einen wesentlichen Teil seiner Spannung.

Austausch und Reflexion

Kooperative Abenteuerspiele sind keine reinen Spaß- und Konsumangebote. Sie dienen in erster Linie der Initiierung von persönlich bedeutsamen Lernprozessen. Diese Form des Lernens entwickelt sich aber nicht automatisch aus dem Spiel heraus, sondern bedarf einer aufmerksamen und unterstützenden Begleitung. Erst durch den gegenseitigen Austausch und die gemeinsame Reflexion des Spielgeschehens ist es möglich, wichtige Erkenntnisse über sich und die Gruppe zu gewinnen und das Erlebte für sich einzuordnen.

Die Erlebnispädagogik

Die Erlebnispädagogik

Die meisten der Initiativübungen und Problemlösungsspiele, die das Kernstück der kooperativen Abenteuerspiele darstellen, sind in der Erlebnispädagogik entwickelt worden. Diese hat ihren Ursprung in der „Erlebnistherapie“ von Kurt Hahn, der zu den Vertretern der Reformpädagogik gehört. Ziel dieser Bewegung war es, die Pädagogik zu „subjektivieren“. „Selbstverwirklichung“ und „Entfaltung“ stellten die Schlüsselbegriffe dar. Ausgehend von den Prämissen Rousseaus wurde der Mensch an sich als gut, im Sinne von rein und unschuldig angesehen. Erst durch Kultur und Erziehung nehme er negative Züge an. Die Anhänger dieser Bewegung wollten die Erziehung reformieren, Erziehung sollte „um des jungen Menschen willen geschehen“ (Hermann Nohl 1961). Kurt Hahn vertrat die Auffassung, die Jugend leide unter dem Verfall körperlicher Tauglichkeit, einer fehlenden Selbstinitiative, einer verringerten Geschicklichkeit und Sorgfalt und vor allem an der mangelnden Fähigkeit, Empathie für andere zu entwickeln. Ursachen dieses Verfalls seien die modernen Fortbewegungs- und Kommunikationsmittel, die immer schwächer werdende Tradition des Handwerks und die ständige Hast und Eile, die für unsere Gesellschaft charakteristisch ist. Eine Diagnose, die erstaunlich aktuell geblieben ist, wenn man bedenkt, dass Hahn sie in den 30er-Jahren des 20. Jahrhunderts aufstellte. Hauptbestandteile seiner Erlebnistherapie waren die Übernahme von Rettungsdiensten, die körperliche Ertüchtigung und die Durchführung von Projekten und Expeditionen.

Die heutige Erlebnispädagogik hat sich inzwischen immens weiter- und in die verschiedensten Richtungen entwickelt. Daher gibt es zahlreiche Definitionen von Erlebnispädagogik. Während einige unter Erlebnispädagogik ausschließlich Aktivitäten verstehen, die natursportliche Maßnahmen wie Klettern, Rafting oder Segeln umfassen, ist es auch möglich, diesen Begriff relativ weit zu fassen. Eine solche Definition von Erlebnispädagogik lautet dann wie folgt:
Generell handelt es sich in der Erlebnispädagogik um Aktionen, die von den Teilnehmenden als subjektive Herausforderung angesehen werden, diese auf allen Ebenen und mit allen Sinnen ansprechen und zusätzlich eine hohe Attraktivität für sie besitzen. Der Reflexion des Erlebten kommt dabei eine besondere Bedeutung zu. Durch die Auseinandersetzung mit dem Erlebten soll versucht werden, Lernprozesse bewusst zu machen. Kurz gesagt ist Erlebnispädagogik „learning by doing combined with reflection“ (Priest/Gass 1997, 136).

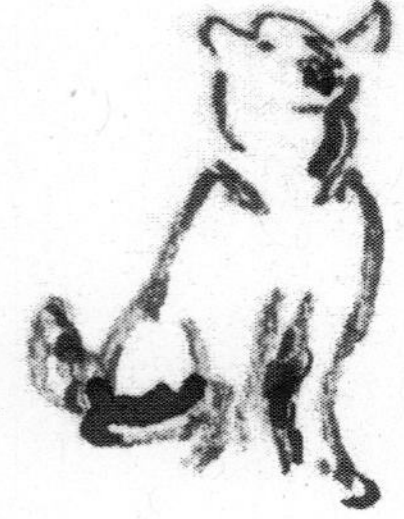

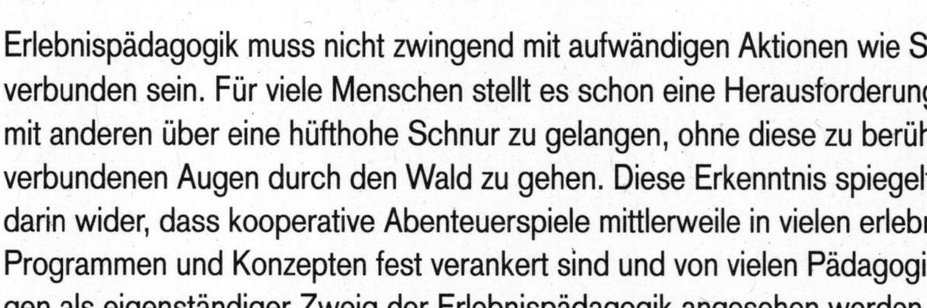

Erlebnispädagogik muss nicht zwingend mit aufwändigen Aktionen wie Segeln oder Klettern verbunden sein. Für viele Menschen stellt es schon eine Herausforderung dar, gemeinsam mit anderen über eine hüfthohe Schnur zu gelangen, ohne diese zu berühren, oder mit verbundenen Augen durch den Wald zu gehen. Diese Erkenntnis spiegelt sich nicht zuletzt darin wider, dass kooperative Abenteuerspiele mittlerweile in vielen erlebnispädagogischen Programmen und Konzepten fest verankert sind und von vielen Pädagoginnen und Pädagogen als eigenständiger Zweig der Erlebnispädagogik angesehen werden.

Um diese Spielform allerdings möglichst sinnvoll und zielorientiert einzusetzen und anzuleiten, ist es wichtig, sich vorab mit einigen zentralen Theorien der Erlebnispädagogik zu beschäftigen. Deshalb wird im Folgenden kurz das zugrunde liegende Lernverständnis erläutert und erklärt, wie und wo Lernen aus erlebnispädagogischer Sicht stattfindet. Anschließend wird kurz darauf eingegangen, welche Bedeutung die Herausforderung innerhalb eines erlebnispädagogischen Prozesses hat und welche Kriterien ein erlebnispädagogisches Programm erfüllen muss, um persönlich bedeutsame Lernprozesse zu initiieren und zu begleiten.

Ganzheitliches Lernen

„Ich bin immer bereit zu lernen, aber nicht immer, mich belehren zu lassen.“
(Oscar Wilde)

Eine erlebnispädagogische Aktion sollte dazu führen, Lernprozesse in Gang zu setzen. Doch unter Lernen können die unterschiedlichsten Dinge verstanden werden. Daher ist es notwendig, sich vorab mit diesem Begriff auseinanderzusetzen und näher zu definieren, um welche Art von Lernen es sich handelt.

„Lernen ist jeder Erfahrungserwerb, das heißt jede Aneignung und Verarbeitung von Informationen, die sich schließlich in einer Veränderung des Erlebens und/oder Verhaltens eines Individuums niederschlägt.“ (Keller/Novak 1979, 220). Dieser Erfahrungserwerb bezieht sich in unserer Gesellschaft primär auf die kognitive Vermittlung von Wissen, auf das Denken. Soziale Kompetenzen sowie die Interessen und Gefühle der Lernenden bleiben oft unberücksichtigt oder haben sogar negative Konsequenzen. Dagegen wendet sich das Konzept des ganzheitlichen Lernens. Auch dieser Gedanke kommt aus der Reformpädagogik. Der Mensch sollte nicht nur Wissen „übergestülpt“ bekommen, sondern für das Leben lernen. Pestalozzi sprach von einem Lernen mit „Kopf, Herz und Hand“. Dieser Ansatz ist heute noch aktuell, wenn auch meist andere Begrifflichkeiten verwendet werden.

Die Teilnehmenden sollen sowohl auf der kognitiven (Kopf) und emotionalen (Herz) als auch auf der Handlungsebene (Hand) angesprochen werden, um im Rahmen herausfordernder Situationen Erfahrungen zu sammeln, die anschließend reflektiert und verinnerlicht werden. Um darüber hinaus zu gewährleisten, dass dieser Lernprozess von den Teilnehmenden als sinnhaft erlebt wird, bedarf es einer inneren Motivation der Lernenden, sich auf den Lernprozess einzulassen, oder anders ausgedrückt „eines inneren Berührtseins vom Gegenstand des Lernens“ (Gilsdorf/Volkert 1999, 23). Aufgrund vielfacher wissenschaftlicher Studien gilt es mittlerweile als bewiesen, dass der Mensch durch diese Form des direkten Erlebens am effektivsten und nachhaltigsten lernt.

Drei Bedingungen müssen jedoch gegeben sein, damit ganzheitliches und sinnhaftes Lernen stattfinden kann:

- Eine klar strukturierte Aufgabe
- Die Möglichkeit bzw. Fähigkeit der Lernenden, die Aufgabe zu lösen
- Die Motivation der Lernenden, die Aufgabe zu lösen

Eine Gruppe hat im Rahmen einer Spielgeschichte die Aufgabe, mit verbundenen Augen einen bestimmten Punkt auf einer großen Wiese zu erreichen. Bevor die Spielerinnen und Spieler losgehen, haben sie die Möglichkeit, sich gemeinsam eine Strategie zu überlegen. Anschließend müssen die Teilnehmenden mit ihren Händen und Füßen den richtigen Weg ertasten und sich anhand verschiedener Eindrücke auf der Wiese zurechtfinden. Während der Aufgabe merken die Spielerinnen und Spieler, dass ihre Strategie nicht funktioniert und sie die Orientierung verloren haben. Es kommt zu Meinungsverschiedenheiten und mehreren sehr emotionsgeladenen Auseinandersetzungen. Die Spielleitung gibt durch einen intervenierenden Spielstopp der Gruppe die Möglichkeit, kurz aus der Situation herauszutreten und einen Blick von außen auf ihr Problemlösungsverhalten zu werfen. Den Beteiligten wird deutlich, dass sie in Problemsituationen immer ähnlich reagieren und sie beurteilen dieses Verhalten als wenig konstruktiv. Sie beschließen nach dieser Erkenntnis, klarer und eindeutiger miteinander zu kommunizieren. Mit neuem Ehrgeiz starten sie wieder in die Aktion und wollen beweisen, dass sie auch in der Lage sind, effektiv und wertschätzend miteinander zu planen und zu handeln. Die Aufgabe bekommt eine ganz besondere Bedeutung für die Spielerinnen und Spieler. Alle möchten diese Aufgabe unbedingt lösen und den markierten Punkt auf der Wiese erreichen.

Das Komfortzonenmodell

„Wachstum und Lernen haben immer etwas mit Risiko zu tun, mit einem Aufbruch ins Unbekannte, Ungewisse, Unvorhersagbare.“
(Gilsdorf/Volkert 1999, 28)

Nach einem Lernmodell von Luckner und Nadler ist der Ausgangspunkt eines erlebnispädagogischen Lernprozesses die These, dass jeder Mensch über ein bestimmtes vorhandenes Muster an Gewohnheiten, Handlungsmöglichkeiten und Denkstrukturen verfügt. Solange dieses Muster in der Lage ist, alle anfallenden Situationen und Aufgaben zur eigenen Zufriedenheit zu erledigen, befindet sich die Person in einem Zustand des Gleichgewichts und ist in der so genannten „Komfortzone“. Innerhalb dieser Komfortzone sind alle Situationen vorhersehbar, die Aufgaben wirken vertraut und alle Anforderungen sind mit dem bestehenden Repertoire an Möglichkeiten sicher und bequem zu erledigen. Nachteil dieser Komfortzone ist, dass Wachstum und Veränderung kaum möglich sind.

Lernen geschieht nur dann, wenn eine Person ihre persönliche Komfortzone verlässt und in einen so genannten Zustand des Ungleichgewichts gerät. Wenn sie etwa mit einer herausfordernden Situation konfrontiert wird, die mit dem bestehenden Muster an Handlungen, Denkstrukturen und Gewohnheiten nicht zu lösen ist. Sobald eine Person vor einer Aufgabe steht, deren Ausgang sie nicht eindeutig vorhersehen kann und sie vor neue und unbekannte Anforderungen stellt, befindet sie sich in der so genannten Lernzone (vgl. Luckner/Nadler 1992, 11–14). Diese Lernzone und der damit verbundene Zustand des Ungleichgewichts ist die Grundlage dafür, dass sich Menschen für neue Denk- und Handlungsmöglichkeiten öffnen und bereit sind, neue Wege auszuprobieren.

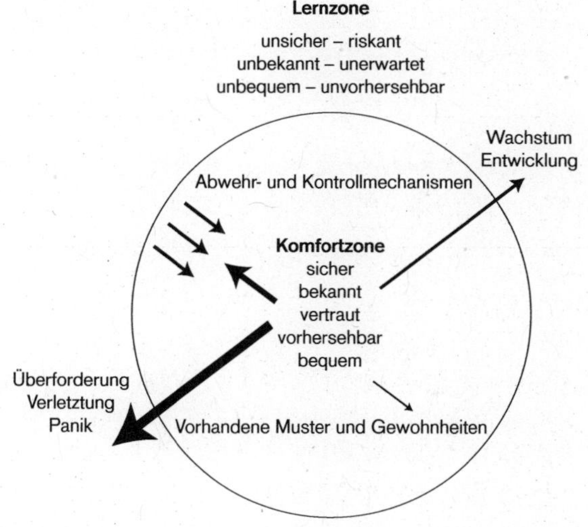

(Gilsdorf 2004, S. 62)

Der Schlüsselbegriff innerhalb dieses Lernmodells ist die Herausforderung, durch die eine Person in einen Ungleichgewichtszustand kommt. Merkmale einer solchen herausfordernden Situation sind:

- Neuartigkeit
- Aufforderungscharakter
- Ernstcharakter (Vgl. Gilsdorf/Volkert 1999, 28–30)

Nicht jede erlebnispädagogische Einheit ist demnach eine Herausforderung. Vielmehr kommt es darauf an, wie diese wo und bei wem eingesetzt wird, damit sie als subjektiv herausfordernd angesehen wird.

Mit Seil und Klettergurt gesichert von der Spitze eines zehn Meter hohen Pfahls zu springen, bedeutet für jemanden, der viel in den Bergen klettert und schon oft dem Sicherungsmaterial vertraut hat, möglicherweise weniger Überwindung als ein ungesicherter Fall aus einem Meter Höhe in die Arme einer Gruppe.

Generell gibt es vier verschiedene Möglichkeiten, wie eine erlebnispädagogische Aktion auf die Teilnehmenden wirken kann:

1. Die Unterforderung

Ist eine Aufgabe zu leicht oder wird sie von den Teilnehmenden nicht als neuartig erlebt, verbleiben diese innerhalb ihrer Komfortzone. Der geplante Impuls ist zu schwach und es gelingt nicht, die Teilnehmenden in einen Zustand des Ungleichgewichts zu bringen.

Während eines Teamtrainings in einem Betrieb sollen die Spielerinnen und Spieler mit verbundenen Augen einen bestimmten Weg auf dem Gelände zurücklegen. Aufgrund ihrer täglichen Arbeit sind aber alle Teilnehmenden mit dem Gelände gut vertraut und haben keinerlei Probleme den Weg zu finden.

2. Die Überforderung

Wirkt eine Aufgabe zu ernst oder bedrohlich, kann dies Ängste bei den Teilnehmenden auslösen und dazu führen, dass sie nicht bereit sind, sich auf das ausgewählte Programm einzulassen. Der Impuls ist zu stark und die Teilnehmenden weigern sich, ihre Komfortzone zu verlassen.

Jeder Mensch verfügt über bestimmte, größtenteils unbewusste Abwehrmechanismen, um sich vor den eigenen tieferen Sorgen und Ängsten zu schützen oder diese zu unterdrücken. Sobald eine Situation oder Aufgabe als zu bedrohlich empfunden wird, treten diese unbewussten individuellen Abwehrmechanismen in Kraft und setzen sich gegen jegliche Erneuerung zur Wehr. In diesem Fall kommt es zu einer Weigerungshaltung, die sogar soweit gehen kann, dass sich einzelne Personen jeder Form der Teilnahme entziehen.

Die Leitung möchte mit einer Gruppe den Vertrauensfall durchführen. Alle Spielerinnen und Spieler haben die Möglichkeit, sich aus ca. einem Meter Höhe rückwärts in die Arme der Gruppe fallen zu lassen. Obwohl allen Beteiligen bewusst ist, dass ihnen nichts passieren wird und eine Person den Vertrauensfall erfolgreich vormacht, sind viele Spielerinnen und Spieler nicht bereit, sich auf das Podest zu stellen und die Aufgabe von dort auf sich wirken zu lassen. Dies bleibt auch dann noch so, als die Spielleitung zusätzlich betont, dass jede Person die freie Entscheidung hat, sich fallen zu lassen oder wieder von dem Podest hinabzusteigen.

3. Die Panik

In Ausnahmefällen kann es passieren, dass der Aufforderungscharakter einer Aktion von einer Person als so stark erlebt wird, dass deren mögliche subjektiven Risiken zu Beginn gar nicht erkannt werden. Die individuellen Abwehrmechanismen treten zunächst nicht in Erscheinung und werden erst verspätet aktiv. In diesem Fall ist der Impuls zunächst nur schwach, bringt die betreffende Person aber letztendlich über die Lernzone hinaus in die so genannte Panikzone.

Diese umschließt die Lernzone und ist geprägt von einem Gefühl der Angst. Innerhalb dieser Zone ist kein Wachstum möglich. Die Abwehrmechanismen sind sehr präsent und die Person möchte nur noch raus aus dieser Situation. Die negativen Gefühle sind so intensiv, dass die gesamte Aktion selbst bei einem erfolgreichen Ausgang als unangenehm erlebt wird. Lernen findet nur noch insofern statt, als dass die Person für sich beschließt, ähnliche Situationen in Zukunft zu vermeiden. Aus diesem Grund sollte die Teilnahme an einer Aktivität immer auf dem Prinzip der Freiwilligkeit beruhen und niemand zu etwas gezwungen werden, was er oder sie nicht möchte bzw. wovor er oder sie Angst hat.

Bei einer Nachtwanderung lädt die Leitung alle Anwesenden dazu ein, eine bestimmte Wegstrecke auf Wunsch allein zu gehen. Die Länge der Wegstrecke wird von einem Teilnehmenden deutlich unterschätzt und er lässt sich ohne große Bedenken auf die Aktion ein. Auf der Hälfte der Strecke bekommt er plötzlich Angst und gerät in Panik. Obwohl nichts Schlimmes passiert ist und er wohlbehalten bei der Gruppe ankommt, behält er eine sehr unangenehme Erinnerung an diese Situation im Gedächtnis und möchte nicht noch einmal allein nachts im Wald unterwegs sein.

4. Die Herausforderung

Der ideale Grad der Herausforderung ist erreicht, wenn die Teilnehmenden eine Aufgabe als auffordernd und neuartig zugleich empfinden. Nur wenn die individuellen Abwehrmechanismen sich nicht als zu stark erweisen, besteht die Möglichkeit, dass sich die Teilnehmenden auf eine für sie ungewohnte Situation einlassen.

In diesem Fall wirken die Abwehrmechanismen zwar immer noch, verlieren jedoch an Einfluss und die Teilnehmenden sind fähig, sich auf etwas Neues einzulassen. Der Impuls ist genau richtig dosiert und die Teilnehmenden werden in einen Zustand des Ungleichgewichts versetzt, ohne das Gefühl zu haben, gefährdet zu sein.

Damit dieser Aufbruch ins Ungewisse zu einem positiven Lernprozess führt, muss eine Atmosphäre geschaffen werden, in der Vertrauen und Kooperation möglich sind. Die Teilnehmenden sollten eine positive Resonanz erfahren, wenn sie sich auf etwas Neues einlassen, aus ihrer Perspektive gesehen, ein Risiko eingehen, da sie ansonsten nicht mehr bereit sein werden, sich auf etwas einzulassen. Wichtig ist es, die Erlebnisse und Erfahrungen durch Reflexionen bewusst zu machen damit sie später auf den Alltag transferiert und generalisiert werden können (vgl. Luckner/Nadler 1992, 7–9).

Während einer Spieleinheit soll die gesamte Gruppe auf einer gespannten Slackline über eine markierte Fläche von ca. sechs bis acht Metern gelangen. Als Hilfsmittel steht den Teilnehmenden lediglich ein Seil zur Verfügung, das allerdings nirgendwo fixiert werden darf. Zunächst reagiert die Gruppe sehr skeptisch und keiner der Teilnehmenden glaubt, dass es möglich ist, diese Aufgabe zu bewerkstelligen. Dennoch fängt die Gruppe an, sich eine Lösung für diese Aufgabe zu überlegen. Nach einer Weile und mehreren Versuchen gelingt es der gesamten Gruppe, unbeschadet auf die andere Seite zu kommen.

Die Balance von Anforderung und Fähigkeiten

Nach der oben beschriebenen Theorie müssen die Teilnehmenden sich in einer für sie neuartigen Situation befinden, in einen Zustand des Ungleichgewichts gebracht werden, um zu lernen. Ein zentraler Begriff der Erlebnispädagogik ist die Herausforderung.

Aber wieso sollten die Teilnehmenden sich dieser Herausforderung stellen und sich freiwillig in eine für sie als subjektiv riskant wahrgenommene Situation begeben?

Der Mensch wird bestimmt durch ein Streben nach Sicherheit und Geborgenheit und gleichzeitig durch den Wunsch nach Wachstum und Veränderung. Neben der Tendenz, sich innerhalb eines sicheren Bereichs aufzuhalten, in dem man souverän handelt, strebt jeder Mensch auch danach, eine möglichst gute Leistung zu erbringen und sich weiterzuentwickeln.

Menschen suchen bewusst Situationen und Aufgaben, die sie in ein Stadium der optimalen Stimulation führen, da bei einer angemessenen Stimulation ihre Leistungsfähigkeit am höchsten ist. Dieses Stadium kann je nach Person sehr unterschiedlich gelagert sein und ist abhängig von den jeweiligen Fähigkeiten und Möglichkeiten einer Person. Wenn die Anforderungen diesen entsprechen bzw. diese um ein geringes Maß übersteigen, wird eine Aufgabe als Herausforderung erlebt und das Leistungsniveau ist besonders hoch. Übersteigt eine Aufgabe die persönlichen Kompetenzen, kommt es zu einem Gefühl der Überforderung und die Person reagiert frustriert oder resigniert. Ist eine Aufgabe zu leicht, führt dies zu einer Unterforderung und die Aktion wird als langweilig und sinnlos erlebt (vgl. Priest/Gass 1997, 42–43).

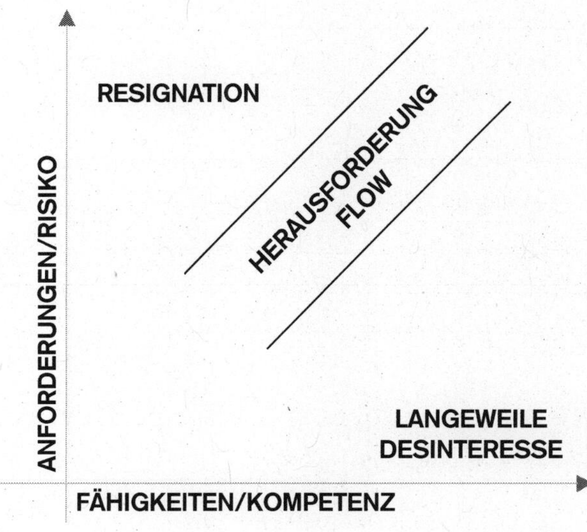

Das Flow-Erlebnis

Eine für die Erlebnispädagogik sehr interessante und spannende Theorie besagt, dass Menschen am meisten und besten in Momenten lernen, in denen sie „Flow“ erleben.

Flow ist ein Zustand intensiven Erlebens, der vor allem durch ein Niveau von angenehmer Anregung und Anspannung jenseits von Angst und Langeweile gekennzeichnet ist: Flow-Zustände fordern einerseits zur Überschreitung von Ich-Grenzen heraus und erlauben andererseits bei einer Zentrierung der Aufmerksamkeit und dem Einsatz der eigenen Potenziale ein Gefühl der Kompetenz und Kontrolle.

Flow-Erlebnisse sind sowohl geeignet, das Selbstwertgefühl zu steigern, als auch sich selbst oder eine Gruppe auf eine tiefere und bedeutungsvollere Weise zu erfahren. Es sind Momente, die eine Person oft noch lange, nachdem sie vergangen sind, in ihrem Gedächtnis behält, und eine Gruppe nachhaltig positiv beeinflussen kann.

Eine Gruppe soll ohne Hilfsmittel eine zweieinhalb Meter hohe Holzwand überwinden. Zunächst halten alle Beteiligten dies für unmöglich, aber nach unzähligen Versuchen ist auf einmal die erste Person oben, dann folgt kurz darauf die zweite und irgendwann ist die Gruppe im Flow. Die einzelnen Aktionen gehen ineinander über, jeder und jede vertraut den anderen aus der Gruppe und ohne große Absprachen helfen und unterstützen sich die Teilnehmenden gegenseitig. Nachdem die letzte Peron über die Brüstung gehoben wird, fangen alle an zu jubeln. Die ganze Gruppe ist voller Stolz und alle Beteiligten sind in absoluter Hochstimmung. In diesem Moment haben alle das Gefühl, als Gruppe nun jedes Hindernis meistern zu können.

Flow ist eine sehr intensive Erfahrung, die nur bedingt planbar ist und selten im alltäglichen Leben erreicht wird. Innerhalb erlebnispädagogischer Aktivitäten wird sie möglich, wenn folgende Bedingungen gegeben sind:

- Die freiwillige und aktive Beteiligung der Teilnehmenden
- Die Zentrierung der Aufmerksamkeit der Teilnehmenden auf die Aktivität
- Eine Klarheit der Ziele mit der Möglichkeit der direkten Rückmeldung
- Das Gefühl der Kompetenz und Kontrolle seitens der Teilnehmenden in Kombination mit einem von den Teilnehmenden empfundenen Gefühl von Risiko

(Vgl. Csikszentmihalyi 1987, 73 f.)

Ein zentraler Aspekt der Ermöglichung von Flow-Erlebnissen ist auch hier die Variation des Schwierigkeitsgrads von Aufgabenstellungen entsprechend den physischen und psychischen Möglichkeiten der Teilnehmenden.

Das Challenge-by-Choice-Prinzip

Entscheidend ist also die individuell unterschiedliche Perspektive, die abhängig ist von der eigenen Kompetenz und dem antizipierten Risiko der Situation. Aus diesen Überlegungen heraus hat die Gruppe „Project Adventure“ das Prinzip des „Challenge by Choice“, der selbst gewählten Herausforderung entwickelt (vgl. Schoel 1988, 18f.).

Im Mittelpunkt dieses Prinzips steht die Freiwilligkeit der Teilnehmenden. In jeder Phase des Lernprozesses haben die Teilnehmenden einen Entscheidungsspielraum zur Art und Intensität ihrer Teilnahme und sind sich dieses Spielraums bewusst.

Innerhalb eines erlebnispädagogischen Programms sollten Aufgabenstellungen daher so gestaltet sein, dass sie die Teilnehmenden nicht zu einer Entweder-oder-Entscheidung zwingen, sondern ein Spektrum an Möglichkeiten eröffnen, bei dem sie sich selbst mehr oder weniger herausfordern können. Idealerweise bezieht sich dieser Entscheidungsspielraum der Teilnehmenden nicht nur auf einzelne Aspekte, sondern auf die gesamte Aktion, sodass die Teilnehmenden auch während des Geschehens die Möglichkeit haben, ihren persönlichen Handlungsspielraum zu gestalten.

Eine Gruppe soll blind einer gespannten Schnur folgen. Die Schnur ist ungefähr 150 Meter lang und führt über mehrere Hindernisse. Im Hintergrund ist eine düstere Musik zu hören. Bei der Präsentation dieser Aufgabe übergibt die Leitung der Gruppe zwei Zaubertücher. Sobald eine Person sich eines dieser Tücher über die Schultern legt, kann sie die Augenbinde abnehmen und sich still an das Ende der Schnur begeben. Sie darf den anderen aus der Gruppe aber nicht helfen. Sollte eine Person aus der Gruppe während des Spiels das Gefühl haben, die Aufgabe wird ihr zu viel, kann sie sich an die Gruppe wenden und in Absprache mit den anderen Spielenden eines der beiden Tücher nehmen.

In der anschließenden Reflexion betont eine Spielerin, dass sie bei einem Hindernis ernsthaft überlegt hatte auszusteigen. Nach einigem Zögern hat sie sich dann bewusst dazu entschieden, blind weiterzugehen. Auf Nachfrage erklärt sie, dass sie sich ohne diese Wahlmöglichkeit wahrscheinlich gar nicht auf diese Aufgabe eingelassen hätte.

Für viele Menschen eröffnet erst das Bewusstsein, jederzeit aufhören zu können, die Möglichkeit schwere Herausforderungen anzunehmen. Durch das Vorhandensein aller Möglichkeiten und der Wertschätzung der anderen sind die Teilnehmenden in der Lage, sich auf Unvorhersehbares einzulassen und ungeahnte Herausforderungen zu bewältigen.

Grundlage für dieses Prinzip der selbst gewählten Herausforderung ist eine Atmosphäre der Sicherheit und des Vertrauens. Nur innerhalb einer derartigen Stimmung ist es möglich, individuelle Entscheidungen zu treffen.

Diese Form der Freiwilligkeit darf allerdings nicht verwechselt werden mit Beliebigkeit. Erlebnispädagogisches Arbeiten ist kein Animationsprogramm, bei dem die Teilnehmenden jederzeit anfangen und aufhören können und sich auf keinerlei Verbindlichkeiten einlassen müssen.

Fun(n) – functional understanding not necessary

Zwei ganz wichtige Faktoren bei der Gestaltung von erlebnispädagogischen Lernprozessen sind Spaß und Freude. Karl Rohnke hat in diesem Zusammenhang den Ansatz „Fun(n) – functional understanding not necessary" entwickelt. Er betont die Bedeutung von Spaß und Freude und setzt sich dafür ein, diese Faktoren bewusst zu fördern und in die Konzeptgestaltung mit einzubeziehen (vgl. Rohnke 2004, S. 222).

Seiner Meinung nach setzt Freude am Lernen Freude voraus. Eine grundlegende (erlebnis-) pädagogische Aufgabe ist daher die Schaffung eines Klimas, in dem alle sich wohl fühlen und miteinander Spaß haben können. Wenn Menschen Spaß an ihrem Handeln haben, steigt automatisch die Motivation aktiv zu werden. Die Teilnehmenden öffnen sich und sind eher bereit, Dinge zu tun, die auf den ersten Blick ungewohnt erscheinen oder in einem anderen Kontext Abwehrreaktionen hervorrufen würden.

Eine Gruppe von Erwachsenen absolviert ein halbtägiges Teamtraining. Innerhalb einer Spielgeschichte werden die Teilnehmenden zu Mitgliedern des berühmten A-Teams und müssen alle über eine in Hüfthöhe gespannte Schnur steigen. Zunächst sind alle ein wenig zögerlich und tun sich schwer bei der Vorstellung, sich gegenseitig über diese Schnur zu heben. Aber dann sagt einer, er sei Mr. T und geht vor der Schnur in den Vierfüßerstand, damit die anderen auf seinen Rücken steigen können. Die anderen Gruppenmitglieder müssen bei dieser Vorstellung lachen und steigen bereitwillig auf den Rücken von Mr. T. Nachdem der Erste wieder sicher auf dem Boden steht, werden die anderen zunächst von Hannibal und später von dem gesamten A-Team in Empfang genommen.

Persönlich bedeutsames Lernen ist sowohl für die Leitung als auch für die Teilnehmenden eine schwere Aufgabe. Es macht daher Sinn, einiges dafür zu tun, sie den Teilnehmenden zu erleichtern. Der Wechsel von anspruchsvollen Aufgaben mit ausgelassenen Spielen und ein der Arbeit zugrunde liegender spielerischer und humorvoller Ton können einiges dazu beitragen.

Anleiterinnen und Anleiter erlebnispädagogischer Programme sind daher gut beraten, sich selbst nicht zu ernst zu nehmen. Eine ideale Arbeitsatmosphäre zeichnet sich durch eine Mischung und ein Wechselspiel von Ernsthaftigkeit und Unbeschwertheit aus.

Eine Gruppe von Jugendlichen bekommt zum Abschluss eines lernintensiven Tages eine letzte Aufgabe gestellt. Die Teilnehmenden sollen in mehreren Kleingruppen nur mit Doppelkeksen, einem Backofen und einem Gefrierschrank ein Auto bauen, das selbstständig auf vier Rädern stehen kann.

Zunächst sind die Jugendlichen irritiert, aber nachdem alle Fragen geklärt sind, machen sich die verschiedenen Gruppen fröhlich ans Werk. Während der Bauphase wird viel über die Hafteigenschaft von Vollmilchschokolade diskutiert und die Spielerinnen und Spieler haben großen Spaß daran, die Erkenntnisse des Tages über die Gruppe und deren Interaktionsmuster auf den Bau eines Doppelkeksautos zu übertragen.

The Adventure Wave

Ein allgemeines Grundkonzept für den Verlauf erlebnispädagogischer Aktionen ist die „Adventure Wave", die Abenteuerwelle. Der Verlauf eines Programms besitzt die Form einer Welle. Die Elemente Vorbereitung, Aktivität und Nachbereitung wiederholen sich immer wieder und lösen sich gegenseitig ab. Grundlage dieser Welle ist ein Fundament, das bestimmte Vorraussetzungen beinhaltet sowie Fragen und Aufgaben, die es im Vorfeld zu klären und immer wieder zu überprüfen gilt. Zu diesem Fundament gehörten:

- Ein fundiertes Theoriewissen über die Hintergründe von Erlebnispädagogik
- Eine Zielrahmendefinition darüber, was mit der Maßnahme erreicht werden soll
- Ein spezifisches Konzept, das mit den Zielen und Möglichkeiten der jeweiligen Institution kongruent ist

- Eine kompetente Leitung, die über eine reflektierte Handlungskompetenz verfügt
- Ein ressourcenorientiertes Programm, in dem alle Möglichkeiten und zur Verfügung stehenden Gegebenheiten einbezogen und genutzt werden können
- Ein spezifisches Wissen und Kennen der aktuellen Gruppe und ihrer Eigenheiten

(Vgl. Schoel u.a. 1988, 30–63)

Aufbauend auf diesem Fundament findet die eigentliche Einheit statt, wobei dieser Aufbau prozesshaft zu verstehen und immer wieder neu anzugleichen ist. Es kann z.B. sein, dass aufgrund eines unerwarteten Kursverlaufs die Zielrahmendefinition neu formuliert werden muss oder die Erwartungshaltungen der Teilnehmer nicht mit denen der Leitung übereinstimmen.

Die erlebnispädagogische Aktion selbst besteht aus einem Wechselspiel von Instruktion, Aktivität und Reflexion. Die Aktivität stellt den Mittelpunkt dar, der in der Reflexionsphase ausgewertet wird. Diese Reflexion bedingt dann die darauf folgende Aktivitätsauswahl und die Art der Instruktion.

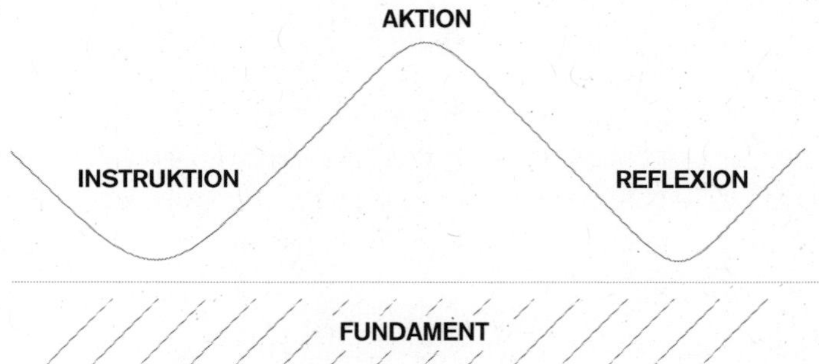

Um es mit dem Bild der Welle zu beschreiben: Es gibt keinen Bruch zwischen dem Wellental und der nächsten Welle, sondern die Kraft und der Schwung der letzten Welle fließen in die darauf folgende ein.

Lernen vollzieht sich in einem dynamischen Wechselspiel von Erlebnissen und reflexiver Verarbeitung des Erlebten. Die Reflexionsphasen sollten dabei sowohl als Chance zum Rückblick – zur Auswertung und zum Verständnis des Erfahrenen – als auch zur Vorausschau – zur Integration und zur Nutzung des Erfahrenen für künftige Lernsituationen – verstanden werden.

Aktion und Reflexion können demnach lediglich pragmatisch voneinander unterschieden werden. Letztendlich sind sie Teil eines nicht trennbaren Prozesses.

Reflexionsphasen, die sich nicht in diesem Sinne auf aktuelle Erfahrungen beziehen, bleiben daher leb- und bedeutungslos und führen dazu, dass selbst äußerlich sehr eindrucksvolle erlebnispädagogische Aktivitäten oberflächlich und belanglos bleiben.

Neben dem Zusammenwirken von Aktion und Reflexion wird anhand dieses Konzepts auch die Bedeutung von Ruhephasen deutlich. Nur wenn Anspannung und Entspannung in einem richtigen Verhältnis zueinander stehen, können die Erlebnisse in ihrer ganzen Tiefe erfahrbar werden.

Zusammenfassung

Drei Leitideen tauchen bei den verschiedensten Theorien und Modellen der Erlebnispädagogik immer wieder auf:

- Wachstumsorientierung
- Ganzheitlichkeit
- Selbstorganisation

(Vgl. Gilsdorf/Volkert 1999)

Erlebnispädagogik ist ein Versuch, wachstumsorientiert zu arbeiten. Durch Herausforderungen, Grenzerfahrungen, Problemlösungen und die Betonung zwischenmenschlicher Beziehungen sollen sich die Teilnehmenden in ganzheitlicher Weise entfalten und selbst verwirklichen. Doch der eigentliche Lernprozess, die Erweiterung bestehender Kompetenzen, muss hierbei vom Lernenden selbst ausgehen. Die Person soll eigenständig lernen, entscheiden, sich selbst organisieren.

Zusammengefasst lassen sich daraus mehrere Grundprinzipien ableiten, die einem erfahrungsorientierten Lernen zugrunde liegen. Sie fassen die vorab erläuterten Theorien zusammen:

Gezielte und zweckgerichtete Erfahrungen
Lernen und Erlebnis müssen eng miteinander verbunden sein. Je enger diese Verknüpfung, desto intensiver und nachhaltiger ist der Lernprozess.

Angemessene Herausforderung
Die Aktivitäten müssen den Teilnehmenden ein Gefühl der Sicherheit in der Unsicherheit anbieten.

Natürliche Konsequenzen
Das Verhalten der Teilnehmenden muss an Konsequenzen gebunden sein. Je mehr diese Konsequenzen ohne Umweg über den oder die Pädagogen aus der Aktion selbst hervorgehen, umso besser ist es.

Teilnehmerzentrierter Prozess
Lernen muss von den Teilnehmenden selbst ausgehen. Aufgabe der Leitung ist es, den Lernprozess zu fördern und zu unterstützen.

Gegenwärtige und zukünftige Relevanz
Die Lerninhalte sollten Bezug zum Alltag der betreffenden Person haben.

Wechselspiel von Aktion und Reflexion
Erst durch die Reflexion des Erlebten wird aus dem Erlebnis eine Erfahrung.

Persönliche Verantwortung
Die Teilnehmenden sind für ihr Verhalten selbst verantwortlich. Je mehr Entscheidungsmöglichkeiten den Teilnehmenden eingeräumt werden, desto eindeutiger ist der Bezug zwischen Erlebtem und Individuum.

Aktive Teilnahme
Die Teilnehmenden sind aktiv am Kursgeschehen beteiligt. Es handelt sich nicht um oberflächliche Events, die von den Teilnehmenden konsumiert werden, sondern um neuartige Handlungsspielräume, in denen die Teilnehmenden die Chance haben, selbst aktiv zu werden, um neue Erlebnisse und Eindrücke zu erfahren (vgl. Priest/Gass 1997, 137).

Kooperative Abenteuerspiele erfüllen all diese Bedingungen. Ein Unterschied im Vergleich zu den klassischen, natursportlichen Methoden der Erlebnispädagogik ist die unterschiedliche Art der Konsequenzen. Es handelt sich nicht um natürliche Konsequenzen, die für die pädagogische Arbeit von besonderer Bedeutung sind, da sie wertneutral sind, das heißt naturgemäße Abläufe, Phänomene, welche die Person selbst interpretiert, die aber auch ohne ihr Handeln existieren würden. Die Natur folgt ihrem Verlauf, ohne sich direkt auf das Verhalten einer Personengruppe zu beziehen. Der Bezug geht höchstens von den Menschen aus.

Ein wunderschöner Sonnenuntergang als Belohnung für die Anstrengungen des Tages sähe genauso aus, wenn es keine Anstrengungen gegeben hätte. Man würde ihn vielleicht nur nicht als so wunderschön bewerten!

Die Konsequenzen der kooperativen Abenteuerspiele sind anders geartet. Jede Spielerin und jeder Spieler verhält sich auf eine bestimmte Art und Weise. Dieses Verhalten wird von den anderen gedeutet und entsprechend darauf reagiert. Die Teilnehmenden erfahren so Konsequenzen aus der Gruppe. Die Spielleitung hält sich während des Spiels zurück und lässt die Gruppe agieren. Aufgrund dieser „Nichteinmischung" der Spielleitung entsteht so ein wechselseitig abhängiger Kreislauf, der eine Art Äquivalent zum Konzept der natürlichen Konsequenzen bildet.

Ein weiterer Unterschied der kooperativen Abenteuerspiele im Vergleich zu den klassischen Feldern der Erlebnispädagogik ist die Betonung des Spiels.

Aufgrund der Vielzahl an Spielvarianten ist es möglich, für jede Gruppe ein ganz spezielles Programm zusammenzustellen und dieses bewusst an die Bedürfnisse und Besonderheiten der Teilnehmenden anzupassen.

Eine Gruppe von Schwergewichtigen kann im Rahmen kooperativer Abenteuerspiele genauso viele Erlebnisse und Erfolge haben wie eine Gruppe von Leistungssportlerinnen und Leistungssportlern. Die Spielleitung muss lediglich Aufgaben auswählen, bei denen die Teilnehmenden z.B. etwas konstruieren müssen oder der Schwerpunkt auf einer möglichst effektiven Kommunikation und nicht auf dem Aufbau von möglichst viel Körperspannung liegt.

In der Durchführung kooperativer Abenteuerspiele geht es im Wesentlichen um zwei Aspekte: Spaß und Gruppendynamik. Die Teilnehmenden haben im Rahmen des „Als-ob-Charakters" des Spiels die Möglichkeit, aus einer Vielzahl an Rollen und Handlungsmöglichkeiten zu wählen. Persönlich bedeutsame Lernprozesse werden spielerisch initiiert und aufgegriffen und können unterschiedlich intensiv thematisiert und bearbeitet werden.

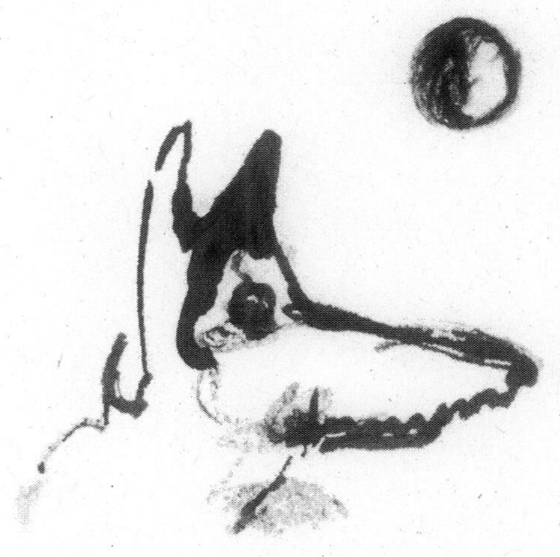

Die Einflussfaktoren

Die Einflussfaktoren

Abgesehen von der Gruppe und den Teilnehmenden, auf die später noch ausführlich eingegangen wird, entstehen zu Beginn einer Spielplanung auch eine Menge grundsätzlicher Fragen bezüglich der rahmenbedingten Möglichkeiten: Wo kann ich was spielen? Wie viel Zeit habe ich zur Verfügung? Wie viel Zeit brauche ich mindestens? Welches Material benötige ich? Viele Fragen liegen außerhalb des Einflussbereichs und doch ist es wichtig, sich vorab Gedanken über mögliche positive und negative Einflüsse der Rahmenbedingungen zu machen. Die zentralen Fragen beziehen sich hierbei auf den Ort, die Zeit und das Material, das ich zur Verfügung habe bzw. benötige.

Ort

Bei den meisten kooperativen Abenteuerspielen handelt es sich um Aktivitäten, die mit Bewegung zusammenhängen. Die Spielfläche sollte daher einen möglichst großen Bewegungsspielraum zulassen. Ein Außengelände sollte jedoch nicht zu weitläufig sein, da ansonsten die Gefahr besteht, dass sich die Spielaktivität verläuft (bei Fangspielen passiert dies häufig). Ein weiterer Vorteil einer begrenzten Fläche ist die intensivere Dynamik innerhalb der Gruppe. Bei einer sehr weiträumigen Spielfläche ist es weitaus schwieriger, eine solche Atmosphäre aufzubauen, da die Spannungen in der Gruppe sich nicht auf den Ort des Geschehens konzentrieren müssen. Der Spielort sollte zusätzlich ein breites Spektrum an Variationsmöglichkeiten bieten. Besonders geeignet sind etwa Turnhallen, Spielplätze oder Wiesen am Waldrand. Viele Spiele lassen sich im Schwierigkeitsgrad besonders durch die Ortswahl verändern.

Es macht einen großen Unterschied, ob Spiele, bei denen die Teilnehmenden mit verbundenen Augen einen Weg finden sollen, auf einer ebenen Wiese oder in einem Wald mit dichtem Unterholz stattfindet.

Bezüglich der Platzwahl ist auch entscheidend, dass die Gruppe sich allein an dem Spielort aufhält. Viele Spiele erfordern Handlungsmuster der Teilnehmenden, die für diese neuartig und ungewohnt sind. Damit die Spielerinnen und Spieler dazu bereit und in der Lage sind, ist es wichtig, dass eine Atmosphäre des Vertrauens und der Sicherheit geschaffen wird. Dies wird besonders während der Anfangsphase erschwert, wenn sich Personen, die nicht zu der Gruppe gehören, am gleichen Ort befinden. Durch die Anwesenheit von Fremdpersonen steigt die Hemmschwelle der Teilnehmenden frei zu spielen (dies ist besonders bei Jugendlichen und Erwachsenen der Fall).

Weiterhin sollte es sich um einen ruhigen Ort handeln. Es muss gewährleistet sein, dass die gesamte Gruppe die Spielinstruktion akustisch verstehen kann. Speziell bei relativ großen Gruppen ist dies ein wichtiger Faktor. Bei Blind-, Wahrnehmungs-, Vertrauensspielen und in den Reflexionsrunden ist es wichtig, dass die Aktivität nicht durch Fremdgeräusche wie Straßenlärm etc. gestört wird. Die Zentrierung der Gruppe auf das „Hier und Jetzt" ist entscheidend und kann durch ablenkende Reize wie z.B. Lärm leicht behindert werden.

So genannte „Blindspiele" sind besonders abhängig von Ruhe, da auftretende Nebengeräusche mögliche Orientierungspunkte für die Gruppe bieten und den Spielverlauf beeinflussen können.

Bei dem Spielort sollte es sich im Idealfall um einen nicht alltäglichen Ort handeln, sodass die Teilnehmenden keine negativen Assoziationen mit diesem verbinden. Deshalb sind z.B. Klassenräume oft ungünstig, da die Schülerinnen und Schüler mit diesen Räumen häufig schon ein bestimmtes Verhalten verbinden und es dadurch schwieriger ist, sich auf neue Aktivitäten einzulassen.

Die Sicherheit spielt bei der Auswahl des Spielorts ebenfalls eine wichtige Rolle. Viele Spiele erfordern es, dass die Teilnehmenden sich in riskante Situationen begeben, sich gegenseitig stützen, halten oder in die Höhe stemmen müssen. „Aber so abenteuerlich es dabei auch zugeht, der Aspekt der Sicherheit der Teilnehmenden hat immer Priorität" (Gilsdorf/Kistner 1995, 24).

Vor Spielbeginn muss der Untergrund sorgfältig geprüft werden. Gefährliche Gegenstände müssen entfernt, scharfe Ecken und Kanten abgepolstert, der Boden mit Matten oder Decken ausgelegt werden … und was sonst noch notwendig ist, um die Sicherheit der Spielerinnen und Spieler zu gewährleisten. Weiterhin muss im Falle eines Unfalls die Möglichkeit bestehen, Erste Hilfe zu leisten (Erste-Hilfe-Koffer vor Ort), Hilfe zu holen und die betreffende Person zu bergen. Dies gilt auch und besonders für Spielorte in der freien Natur.

Falls es sich um einen Ort in der freien Natur handelt, ist es Aufgabe der Spielleitung, dafür zu sorgen, dass die Auswirkungen des Aufenthalts auf die Natur so gering wie möglich gehalten werden. Dazu gehört unter anderem, dass sämtliche Materialien wieder mitgenommen und fachgerecht entsorgt werden, keine frischen Äste und Zweige abgebrochen werden und Zigarettenreste aufgesammelt werden. Außerdem muss im Vorfeld eine Genehmigung zur Nutzung des Naturraums eingeholt werden, da eine spielpädagogische Maßnahme anderen rechtlichen Bedingungen unterliegt als z.B. ein Spaziergang im Wald.

Durch eine kreative Gestaltung bzw. gezielte Auswahl der Räumlichkeiten kann der Spielverlauf bewusst beeinflusst werden. Diese Chance sollte sich die Spielleitung nicht entgehen lassen und den Spielort dementsprechend auswählen.

Merkmal eines idealen Spielorts

Fläche	Freie, abgegrenzte Fläche, mit vielen Variationsmöglichkeiten
Größe	Genügend großer Bewegungsspielraum
Geräuschkulisse	Ruhiger Ort, ohne störende Fremdgeräusche; Möglichkeit, selbst laut zu sein
Platzierung	Abgeschiedener Ort, ohne fremde Personen
Gestaltung	Fantasievolle und angenehme Ausschmückung des Orts, die die Spiele und/oder die Rahmengeschichte unterstützt
Assoziationen	Nicht alltäglicher bzw. zweckentfremdeter Raum mit geringen ablenkenden Reizen
Sicherheit	Überprüfung des Raums/Untergrunds auf gefährliche Gegenstände, Boden, Kanten, Ecken gegebenenfalls abpolstern; Möglichkeit von Hilfsmaßnahmen (Telefon, Zugangsmöglichkeiten etc.)

Zeit

Die einzelnen Spiele haben durchschnittlich eine Dauer von 20 bis 30 Minuten. Einige dauern nur wenige Minuten, andere wiederum können sich über mehrere Stunden erstrecken. Generell handelt es sich jedoch um überschaubare und zeitlich begrenzte Aktionen. Um eine pädagogisch sinnvolle Aktion durchführen zu können, bedarf es jedoch in der Regel eine Zeit von mindestens eineinhalb Stunden. Dabei ist zu bedenken, dass zwischen den einzelnen Spielen immer die Möglichkeit bestehen sollte, kurze Auswertungsrunden durchzuführen, und dass am Ende einer Spieleinheit eine Reflexion eingeplant wird. Unter Zeitdruck fühlen sich viele Menschen gehemmt oder schrecken vor komplexen Themen zurück. Damit dies nicht passiert, ist oft der Grundsatz hilfreich: Weniger kann mehr sein!

Von Bedeutung ist auch der Zeitpunkt der Spieleinheit. Eine Spieleinheit direkt nach dem Aufstehen muss anders aufgebaut sein als eine Sequenz am Abend, nach einem anstrengenden Tag. Während morgens ein größeres Gewicht auf die Aufwärmphase gelegt werden muss, eignen sich abends oft ruhigere, besinnliche Spiele. Nach einer Mahlzeit ist es schwieriger, ein sehr bewegungsintensives Spiel durchzuführen, als vor dem Essen.

Material

Eine Vielzahl kooperativer Abenteuerspiele ist ohne bestimmte Utensilien machbar, aber auf die Dauer werden doch einige Materialien für aufwändigere Spiele benötigt. Im Allgemeinen haben sich folgende Materialien bewährt, um eine möglichst große Anzahl von Spielen durchführen zu können:

- Spielseile
- Augenbinden
- Holzklötze
- Schnüre
- Stöcke
- Bälle (Softbälle, Tennisbälle, Wasserball)
- Luftballons
- Gymnastikreifen
- Eimer
- Schreibmaterial
- Witzige Spielutensilien (Gummihuhn, Quietscheentchen etc.)
- Bretter und Balken
- Stabile Kisten
- Verkleidungskiste
- Dekorationsmaterial
- Decken und Tücher

Der Einsatz von Spielmaterialien hat einen nicht zu unterschätzenden Einfluss auf das Spiel. Durch einen Wechsel der Spielmaterialien kann sich das ganze Spiel verändern.

Ein sehr bekanntes Abenteuerspiel ist das „Eisschollenspiel". Alle Spielerinnen und Spieler stehen jeweils auf einer eigenen Eisscholle und müssen sich gemeinsam auf das sichere Ufer in der Mitte retten. Bei dem Rettungsversuch darf niemand den Boden betreten und jede Eisscholle, die keinerlei Kontakt zu einem der Teilnehmenden hat, geht verloren.
Die Eisschollen sind in der Regel dicke Pappen oder Teppichfliesen mit einer Fläche von 20 x 30 Zentimetern. Wird das Spiel mit einfachen Din-A4-Blättern gespielt, bleibt der Spielaufbau zwar gleich, aber der eigentliche Reiz des Spiels geht verloren. Die Blätter sind zwar genauso groß wie die Teppichfliesen, aber aufgrund der geringen Höhe fehlt ein wahrnehmbarer Abstand zum Boden. Die Teilnehmenden können nicht erkennen, ob sie ausschließlich auf ihrer Eisscholle stehen oder schon den Boden berühren.

Eine Gruppe soll mit Spiegelkacheln, Stöcken, Kordel und einem biegsamen Metallkleiderbügel einen kleinen Eimer aus einem großen Behälter bergen. Der Schwierigkeitsgrad dieser Aufgabe hängt maßgeblich von der Höhe des Behälters ab. Ist dieser sehr niedrig, kann eine Person den Eimer ohne fremde Hilfe herausangeln und die Spiegelkacheln verlieren ihre Bedeutung. Ist er sehr hoch, reicht eventuell der Bügel nicht bis zu dem Henkel des Eimers hinunter und die Aufgabe wird fast unmöglich.

Die Teilnehmenden gehen in der Regel davon aus, dass alle Hilfsmittel eine bestimmte Bedeutung haben und zur Lösung einer Aufgabe beitragen können. Diese Annahme kann aber auch zu Missverständnissen führen und das Spielgeschehen maßgeblich mit beeinflussen. Dies gilt insbesondere dann, wenn die Spielleitung ein zusätzliches Hilfsmittel hinzufügt oder bestimmte Materialien austauscht.

Im Rahmen einer Kooperationsrallye sollten mehrere Kleingruppen von Kindern innerhalb von zwei Minuten 20 Bälle in einen Eimer befördern, der ca. zwei Meter über ihnen an einem Ast hing. Einzige Bedingung: Alle Spielerinnen und Spieler sind an der Lösung der Aufgabe beteiligt.
Bei der Planung der Aufgabe ist die Spielleitung davon ausgegangen, dass alle Gruppen eine Art Pyramide bauen werden und die oberste Person die Bälle nacheinander in den Eimer legt.
Da es am Vormittag noch geregnet hatte, hat sich die Spielleitung überlegt, jeder Gruppe zusätzlich noch eine Plane zu geben, damit die Kinder sich die Schuhe ausziehen können und nicht allzu dreckig werden.
Die erste Gruppe löste die Aufgabe, indem sich zwei Kinder mit der Plane unter den Eimer stellten, einige die Bälle warfen und andere die Bälle aus der Plane zu den Werferinnen und Werfern brachten.
Die zweite Gruppe wickelte alle Bälle in die Plane ein, machte eine Räuberleiter und bugsierte Bälle und Plane zusammen in den Eimer.
Die dritte Gruppe baute dann endlich die geplante Pyramide.

Darüber hinaus sollte die Spielleitung bei der Auswahl der Spielmaterialien immer auf die Sicherheit der Teilnehmenden achten. Wurfgegenstände müssen so ausgesucht werden, dass niemand verletzt werden kann.

Bei dem Spiel „Ferngesteuert“ wird die Gruppe in Zweierteams aufgeteilt und mehrere Bälle werden im Raum verstreut (mindestens genauso viele Bälle wie Teilnehmende).
Eine Person pro Team bekommt eine Augenbinde und darf nichts mehr sehen. Die andere Person kann sehen, darf aber weder Menschen noch Bälle berühren.
Aufgabe der „Blinden“ ist es, mithilfe ihrer Partnerinnen und Partner möglichst oft die anderen „Blinden“ abzuwerfen. Sobald ein Team fünf Treffer erzielt, hat es gewonnen und die erste Runde ist vorbei.

Dieses Spiel kann aufgrund der eingeschränkten Zielmöglichkeiten nur mit Softbällen gespielt werden. Mit anderen Spielmaterialien ist das Verletzungsrisiko viel zu hoch und die Spielfreude der Teilnehmenden wäre erheblich eingeschränkt, da alle Angst hätten, einen Ball ins Gesicht zu bekommen.

Wenn mit Holzmaterialien gespielt wird, müssen diese zuvor auf Nägel und Splitter kontrolliert und gegebenenfalls muss das Holz abgeschliffen werden. Bei dem Umgang mit Kletterutensilien müssen diese alle geltenden Sicherheitsstandards erfüllen.

Ein weiterer Punkt bei der Auswahl von Spielmaterialien ist die Umweltverträglichkeit. Auf Einwegartikel wie Klebeband, Pappteller etc. sollte möglichst verzichtet werden. Besser ist ein Bestand an Materialien, die immer wieder eingesetzt werden können.

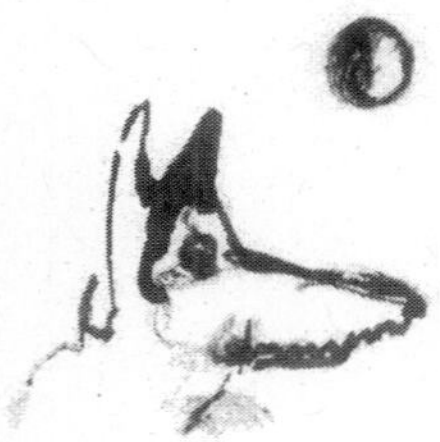

Die Gruppe

Die Gruppe

Der wichtigste Faktor bei der Arbeit mit kooperativen Abenteuerspielen ist natürlich die Gruppe selbst, mit der gespielt wird. Das gleiche Spiel wird von verschiedenen Gruppen anders gespielt. Alle Gruppen unterscheiden sich voneinander und der Spielverlauf ist anders. So ist oft schon die An- bzw. Abwesenheit einer bestimmten Person innerhalb einer Gruppe wesentlich für den Spielverlauf.

Gruppen, deren Mitglieder sich untereinander schon länger kennen, haben weniger Probleme bei Spielen wie „Platz ist in der kleinsten Hütte". Sie haben in der Regel weniger Scheu vor Körperkontakt als eine neu zusammengewürfelte Gruppe.

Daher ist es wichtig, sich vorab Gedanken über die Gruppe zu machen und sich mit dieser auseinanderzusetzen. Eine Spieleinheit sollte so konstruiert sein, dass sie möglichst genau den Bedürfnissen der Gruppenmitglieder entspricht. Dabei sind eine Reihe unterschiedlicher Faktoren wichtig. Die markantesten davon sind die Größe der Gruppe und das Alter ihrer Mitglieder. Aber auch deren Zielsetzung ist natürlich von wesentlicher Bedeutung sowie ihre Zusammenstellung, die Struktur und die aktuelle Phase, in der sich die Gruppe befindet.

Die Gruppengröße

Ein entscheidendes Charakteristikum ist die Gruppengröße. Anhand der Gruppengröße kann die Spielleitung schon eine erste Selektion möglicher Spiele vornehmen. Die ideale Gruppengröße für kooperative Abenteuerspiele liegt bei 10 bis 16 Personen. Es gibt auch Spiele, die mit zwei Personen gespielt werden können, diese sind aber die Ausnahme. Das gilt ebenso für Spiele, die mit mehr als 25 bis 30 Personen gespielt werden können. Bei einer Gruppengröße von 10 bis 16 Personen besteht ein ideales Gleichgewicht zwischen Individualität und Soziabilität. Jede Person hat die Möglichkeit und Notwendigkeit, sich als Individuum einzubringen, und ist gleichzeitig mit einer Gruppe konfrontiert, die über genügend Dynamik und Stärke verfügt, sodass sich die einzelnen Mitglieder im entsprechenden Maß anpassen müssen. Die Gruppe verfügt über ausreichend Reibungspotenzial, das thematisiert werden kann, ohne dass einzelne Teilnehmer übergangen oder ignoriert werden. Gleichzeitig ist eine Gruppe von 10 bis 16 Personen groß genug, um eine Gruppendynamik zu entwickeln, die es den Spielerinnen und Spielern ermöglicht, über sich hinauszugehen, neue Erfahrungen zu sammeln, neue Verhaltensmöglichkeiten auszuprobieren und sie zwingt, sich mit der Gruppe auseinanderzusetzen.

In Gruppen unter acht Personen entsteht im Allgemeinen zu wenig Spannung und Freude, die Spiele bleiben unter ihren potenziellen Möglichkeiten.

In Gruppen über 30 Personen ist es äußerst schwierig, alle Teilnehmenden dauerhaft auf das Spielgeschehen zu zentrieren. Daher können außer dem gemeinsamen Spaß realistischerweise kaum andere Ziele angestrebt werden, da nicht die Möglichkeit besteht, sich mit den Erfahrungen und Erlebnissen, die in der Spieleinheit entstanden sind, angemessen auseinanderzusetzen.

Das Alter der Gruppenmitglieder

Auch das Alter der Gruppenmitglieder ist für die Durchführung kooperativer Abenteuerspiele von Bedeutung. Ein Richtwert für die untere Grenze liegt bei einem Alter von zehn bis zwölf, bei manchen Spielen auch bei acht Jahren.

Viele kooperative Abenteuerspiele lassen sich vereinfachen, sodass sie auch mit jüngeren Kindern erfolgreich durchgeführt werden können. Es muss jedoch beachtet werden, dass bei dieser Zielgruppe das Verhältnis von Ich, Es und Über-Ich noch anders ausgeprägt ist. Außerdem ist das Erfahrungspotenzial in vielen Bereichen geringer und entwicklungspsychologische Bereiche wie z.B. das reflektierende Denken (wenn – dann) oder das Empathievermögen (sich in andere hineinzuversetzen) befinden sich in unterschiedlichen Ausbildungs- und Ausprägungsphasen. Daher müssen die Aufgaben dem Niveau der Gruppe angepasst werden, damit diese auch mit Erfolg gelöst werden können. Die Spielleitung muss während der gesamten Einheit im direkten Spielprozess bleiben und die Kinder aktiv begleiten und unterstützen. Sie moderiert den gesamten Prozess, indem sie z.B. Vorschläge noch einmal zusammenfasst, die Meinungen und Stimmungen der Spielenden erfragt und Gruppenentscheidungen anstößt.

Die Hauptzielgruppe kooperativer Abenteuerspiele sind jedoch Jugendliche ab 14 Jahren und Erwachsene.

Sowohl bei Jugendlichen als auch bei Erwachsenen ist auf bestimmte Persönlichkeitsmerkmale zu achten, die den Spielverlauf verändern können. Jugendliche befinden sich entwicklungsbedingt in einer schwierigen Phase. Einerseits sind sie keine Kinder mehr, andererseits sind sie aber auch noch nicht erwachsen. Vielen Jugendlichen fällt es schwer, ein ungezwungenes Verhalten zu zeigen, da immer die Überlegungen aufkommen, ob dies jetzt angemessen ist. Hier muss die Spielleitung dementsprechend reagieren und beispielsweise auf Spiele verzichten, die besonders kindisch wirken können. Bei Jugendlichen kann es aufgrund der pubertären Phase bei Spielen, die Körperkontakt erfordern, oder bei denen es darum geht, sich albern zu verhalten bzw. nicht den alltäglichen Rollenerwartungen zu entsprechen, zu Hemmungen kommen. Aufgabe der Spielleitung ist es diesbezüglich, zu

versuchen, eine Atmosphäre der Sicherheit und des Vertrauens anzuregen, sodass sich die Jugendlichen freier verhalten und sie ihre Alltagsrollen teilweise ablegen können. Wichtig ist hier die Akzeptanz des Spielleiters gegenüber den Teilnehmenden. Es geht darum, ihnen zu vermitteln, dass sie respektiert werden, und es geht nicht darum, sie zu bewerten oder zu beurteilen.

Erwachsene erwarten dagegen häufig eine Begründung, warum ein Spiel durchgeführt werden soll. Viele Erwachsene hegen eine Abneigung gegen das gemeinsame Spiel und sind unfähig sich auf diese Situation einzulassen. In diesem Fall wäre eine Möglichkeit für die Spielleitung, über bestimmte anerkannte Spiele wie z.B. Boule oder Pantomime das Interesse am Spiel zu wecken und durch einfache Variationen die Gruppe auf komplexere gemeinsame Spiele vorzubereiten. Besonders bei Erwachsenen empfehlen sich zunächst Spiele, die nicht sehr bewegungsintensiv sind und bei denen die Spielenden in kleinere Gruppen eingeteilt werden. Dadurch, dass viele Erwachsene verlernt haben zu spielen, sollten die Spielregeln am Anfang besonders eindeutig und das Spiel selbst sehr stark strukturiert sein. „Bei Erwachsenen ist das Fingerspitzengefühl des Spielleiters besonders gefragt. Nur damit lässt sich der ‚Spielraum' jedes Spielers Stück um Stück erweitern" (Fritz 1986, 63).

Ziel und Zweck der Gruppe

Kooperative Abenteuerspiele sind nur ein Medium, eine Methode, und dienen dementsprechend nicht einem Selbstzweck, sondern sind hinsichtlich eines vorher definierten Zielrahmens einzusetzen. Der Begriff Zielrahmen wurde hierbei bewusst gewählt, um einen gewissen Rahmen abzustecken, wie sich ein Spiel wahrscheinlich entwickeln wird, denn es ist unmöglich, das Ergebnis einer Spieleinheit im Sinne einer präzisen Zieldefinition vorherzusagen. Natürlich lassen sich die Spiele bezüglich bestimmter Themenbereiche sinnvoll anwenden. Doch sollte sich die Spielleitung im Klaren darüber sein, dass es immer auch zu nicht beabsichtigten Effekten und Prozessen kommen kann. Inwieweit auf solche auftretenden Prozesse und Erwartungen innerhalb der Gruppe eingegangen werden kann bzw. sollte, bezieht sich immer auf den Zweck der Gruppe. Er bestimmt die Reaktion und die Intensität der Auseinandersetzung mit den Erfahrungen und Erlebnissen der Gruppenmitglieder. Deshalb sind Zielrahmen und Zweck der Gruppe ein wesentliches Merkmal für die Gestaltung einer Spieleinheit. Die unterschiedlichen Gruppen in erlebnispädagogischen Maßnahmen lassen sich unter vier Schlüsselbegriffen zusammenfassen:

Freizeit	Die Maßnahme dient der Entspannung, der Regeneration durch Abenteuer und der Erholung. Der Spaßfaktor spielt eine vorrangige Rolle. Überwiegend handelt es sich um Betriebsausflüge, Freizeitprogramme usw.
Bildung	Das Erkennen und das Verstehen stehen im Mittelpunkt der Maßnahme. Ziel kann es sein, die Wichtigkeit von Kooperation und Koordination zu vermitteln. Durch diese Fokussierung kann eine Verhaltensänderung erfolgen. Schulklassenfahrten können unter diese Kategorie fallen.
Training	Die Modifizierung und Entwicklung funktionaler Verhaltensweisen ist Ziel der Maßnahme. Durch den Kurs werden soziale Kompetenzen angeregt und gefördert. Mögliche neu entwickelte Transaktionsmuster werden generalisiert und auf den Alltag transferiert. Viele Jugendhilfemaßnahmen dienen diesem Zweck.
Therapie	Zweck der Maßnahme ist die Veränderung bestehender dysfunktionaler Verhaltensmuster der Teilnehmenden. Dies erfolgt durch deren Bewusstmachung, dem Entwickeln funktionaler Verhaltensweisen und deren Einübung bei gleichzeitiger Stärkung bereits vorhandener Ressourcen. Die Zielgruppe dieser Kategorie sind Drogenabhängige, psychisch Kranke, Straffällige usw.

(Vgl. Priest/Gass 1997)

Die Bedeutung und Klarheit der Gruppenziele hat entscheidenden Einfluss auf die Gruppensituation. Je klarer die Gruppensituation, das heißt je differenzierter die Gruppenziele, desto

- motivierter sind die Gruppenmitglieder, die funktional zum Ziel stehenden Aufgaben zu lösen.
- positiver wird die eigene Arbeit eingeschätzt.
- intensiver ist das Gruppenzugehörigkeitsgefühl.
- besser werden die einzelnen Rollen und Funktionen wahrgenommen.
- eher kann das Individuum von der Gruppe beeinflusst werden.
- weniger kommt es zu feindseligen Gefühlen innerhalb der Gruppe.

Die Gruppenphase

Ein und dasselbe Spiel kann im Lauf einer Spieleinheit ein voller Erfolg werden, während es zu einem anderen Zeitpunkt vielleicht ein totaler Flop wird, obwohl es sich um die gleiche Gruppe handelt. Neben vielen anderen Faktoren kann dies auch daran liegen, dass eine Gruppe kein statisches Gebilde, sondern prozesshaft zu verstehen ist. Jede Gruppe durchläuft verschiedene Gruppenphasen, wobei die Dauer der einzelnen Phasen gruppenabhängig ist und nicht alle Gruppen alle Phasen durchlaufen, sondern auch in bestimmten Phasen stagnieren können. Innere oder äußere Einflüsse können eine Gruppe in bereits durchlaufene Phasen zurückwerfen. Die Differenzierung dieses Prozesses kann unterschiedlich gewichtet werden.

Die meisten Autoren und Wissenschaftler bevorzugen jedoch ein Modell, das aus fünf verschiedenen Phasen besteht:

1. Voranschluss-/Orientierungsphase
2. Macht-/Auseinandersetzungsphase
3. Intimitäts-/Vertrautheitsphase
4. Differenzierungsphase
5. Ablösungsphase

(Vgl. Malcher 1977, 44)

Am Anfang befindet sich eine Gruppe in der Orientierungsphase. Die Teilnehmenden sind sich untereinander fremd, besitzen alle unterschiedliche Erfahrungen, eine individuelle Lebensgeschichte. Es besteht der Wunsch nach Annäherung bei gleichzeitiger Distanzwahrung. Die Grenzen werden ausgelotet, die einzelnen Gruppenmitglieder erforscht. Nach diesem anfänglichen Taktieren kommt es zur Auseinandersetzungsphase. Konflikte treten zutage, die Rollen innerhalb der Gruppe werden festgelegt. Es entsteht ein erster Gruppendruck. Die Unsicherheit der Teilnehmenden ist in dieser Phase am stärksten. In der Vertrautheitsphase kommt es zu einer Stabilisierung der bestehenden Rollendifferenzierung. Im Mittelpunkt stehen weiterhin die Gruppe und ihre Individuen. Die Mitglieder trauen sich Schwächen zuzugeben, ein Gemeinschaftsgefühl entsteht. In der Differenzierungsphase tritt nun die Gruppe in den Hintergrund zugunsten der eigentlichen Ziele und Aufgaben. In dieser Phase ist die Gruppe am produktivsten, sie kann konstruktiv arbeiten und Kontakt zur Umwelt aufnehmen. Die letzte Phase im Gruppenprozess ist die Ablösungsphase. Die Gruppe ist im Begriff sich aufzulösen, sei es, weil das Ziel erreicht wurde, die Rahmenbedingungen es vorgeben oder es zu unüberbrückbaren Konflikten gekommen ist. Während einige Mitglieder froh darüber sind, und ihren Blick in die Zukunft gerichtet haben, trauern andere der Gruppe nach, versuchen alte Gruppenrituale wiederzubeleben.

Jede Gruppenphase bedingt ein spezielles Leitungsverhalten, eine bestimmte Spielauswahl.

Ein Abenteuerspiel wie „Das Spinnennetz“ wird eine Gruppe in den verschiedenen Phasen auch unterschiedlich fordern und belasten. In der Auseinandersetzungsphase kann diese Aufgabe zu erheblichen Konflikten führen und die Gruppe vor enorme Anforderungen stellen. Dasselbe Spiel wird von der Gruppe in der Differenzierungsphase vielleicht problemlos absolviert.

In der Orientierungsphase können Vertrauensspiele zu starken Hemmungen und Spannungen führen, während sie in der Vertrautheitsphase das Gemeinschaftsgefühl steigern können.

Durch unterschiedliche Führungsstile können Gruppenprozesse gefördert bzw. gehemmt werden. Eine Theorie über effektives Leitungsverhalten in Bezug auf Gruppentyp und die jeweilige Gruppenphase erläutert, welches Verhalten sich in der jeweiligen Phase als besonders gruppenförderlich erweist:

	Freizeit	Bildung/Training	Therapie
Orientierungs-phase	Größtmögliche Transparenz gegenüber den Teilnehmern bezüglich des Programms und den Erwartungen an die Gruppe. Förderung von Interaktionen untereinander und Mitbestimmung der einzelnen Teilnehmer.	Klärung der Ziele und der Erwartungen der Gruppe. Förderung der Eigeninitiative der Teilnehmer. Klar strukturierte Aufgaben, mit dem Hinweis, dass unterschiedliches Verhalten innerhalb der Gruppe normal ist.	Klärung der Erwartungen und Ziele der Teilnehmer und Vermittlung der Erwartungen seitens der übergeordneten Institution. Einsicht der Teilnehmer in Bezug auf die individuellen Unterschiede in der Gruppe und die Möglichkeiten, die sich daraus ergeben.
Auseinander-setzungsphase	Konflikte als Lernfeld betrachten. Aufgaben und Spiele planen, die es den Teilnehmern ermöglichen, sich selbst darzustellen. Klare Abgrenzung der Entscheidungsbefugnis der Gruppe und der Leitung.	Konflikte zulassen, jedoch darauf achten, dass die Gruppenatmosphäre offen und sicher bleibt. Förderung von Gruppenentscheidungen. Nur im Notfall intervenieren, da dies einen Eingriff in die Verhaltensstrategien der Teilnehmer darstellt, der die Motivation hemmt.	Grenzen setzen, aber immer in Bezug zu dysfunktionalen Verhaltensweisen der Gruppenmitglieder. Förderung der Einsicht in das eigene Verhalten und dessen Konsequenzen.
Vertrautheits-phase	Unterstützung der Gruppe bei der Festlegung gruppeninterner Normen. Förderung der Gruppenkohäsion. Wahrung der Sicherheit der Teilnehmer.	Förderung der Eigenverantwortlichkeit und Unabhängigkeit der Gruppenmitglieder. Gruppenkohäsion fördern. Spielleitung als Ressource für das Gruppenverhalten verstehen.	Weiterführung der Klärung individueller dysfunktionaler Verhaltensweisen und gleichzeitig Aufzeigen von Alternativen und bisheriger Erfolge. Übungen zur Befriedigung eigener Bedürfnisse, ohne die Rechte der Gruppe zu beeinträchtigen.
Differenzie-rungsphase	Unterstützung der Gruppe, ein anvisiertes Ziel zu erreichen. Förderung der Selbstinitiative und Eigenverantwortlichkeit. Steigerung der Kompetenzen und des Handlungsspielraums der Teilnehmer.	Förderung der Verantwortung der Gruppenmitglieder. Die Spielleitung als teilnehmender Beobachter, die gegebenenfalls die Gruppe an die Erfüllung der vereinbarten Ziele erinnert, aber nicht direktiv eingreift.	Fokussierung der bisher erreichten Ziele, deren Generalisierung und Transfer auf den Alltag. Die Gruppe weiter herausfordern und auf bestehende dysfunktionale Verhaltensmuster aufmerksam machen.
Ablösungs-phase	Ermutigung der Gruppenmitglieder, bisher vollbrachte Leistungen und Verhaltensmuster beizubehalten und auf den Alltag zu übertragen.	Evaluation der Gruppenaktivitäten mit der Gruppe. Transfer und Generalisierung des Gelernten auf den Alltag. Gegebenenfalls nachbereitende Maßnahmen für die Teilnehmer organisieren.	Fokussierung auf Lernerfolge, Unterstützung bei deren Generalisierung und Transfer. Aufzeigen von Gefahr des Rückfalls bei Abschluss des Kurses. Organisation von stabilisierenden Maßnahmen im Alltag der Teilnehmer.

(Vgl. Priest/Gass 1997, 66–69)

Die Gruppenstruktur

Die in den Gruppenphasen entstandene Struktur und die Rollenverteilung innerhalb einer Gruppe besitzen einen großen Einfluss auf eine Gruppe. Welche Gruppenmitglieder nehmen überhaupt aktiv an der Spieleinheit teil und welche nicht? Wer ist für was zuständig und warum? Es gibt Gruppen, die in der Lage sind, hochkomplexe Abenteueraktionen problemlos und äußerst effektiv zu lösen, sich bei einem albernen Warm-up-Spiel dagegen völlig überfordert fühlen. Verschiedene Gruppen werden ein und dieselbe Aufgabe auf unterschiedliche Weise lösen. So können Unterschiede im Spielverlauf aus der jeweiligen Gruppenstruktur bzw. der jeweils spezifischen Rollenverteilung resultieren. Eine hierarchisch strukturierte Gruppe mit fixierter Rollenverteilung und zentralistischer Kommunikationsstruktur wird mit einem Warm-up, in dem es darum geht, ein atypisches Rollenverhalten zu zeigen, vielleicht völlig überfordert sein.

Eine Gruppe von Büroangestellten kann ein Spiel wie „Samurai" als totale Heraus- oder Überforderung empfinden. Bei diesem Spiel steht die Gruppe im Kreis. Jeweils eine Person macht eine vorher vereinbarte Karatebewegung und schreit dementsprechend. Durch die Geste wird signalisiert, wer als Nächster an der Reihe ist usw.

Jede Gruppe weist verschiedene Strukturen auf, besitzt besondere Merkmale, die sich auf das Spiel oder die Lösung von Problemaufgaben auswirken. Die Gruppenstruktur lässt sich aufgliedern in die Macht-, die Kommunikations- und die Rollenstruktur. Die Ausdifferenzierung dieser Elemente ist abhängig von der Bestehensdauer der Gruppe und der Art und Weise des Zusammenkommens. Den bedeutendsten Einfluss hat hierbei die Rollenverteilung innerhalb der Gruppe. Sie legt die Machtstruktur fest und bestimmt auch die Kommunikationsstruktur. Die Rollenstruktur zeigt die Rollendifferenzierung innerhalb einer Gruppe, legt die Verhaltenserwartungen fest, die die Gruppe an die einzelnen Mitglieder stellt (vgl. Mueller/Thomas 1974, 320).

Alle Gruppenmitglieder definieren für sich die Gruppensituation und verhalten sich dementsprechend. Dabei werden sie konfrontiert mit dem Verhalten der anderen Gruppenmitglieder. Nach und nach erwerben alle Teilnehmenden Handlungskompetenzen für bestimmte Situationen. Je nach Höhe und Notwendigkeit der jeweiligen Kompetenzen werden die Positionen innerhalb der Gruppe festgelegt, die Rollen werden differenziert. Es kommt zu Klassifizierungen wie z.B. Anführer/in, Mitläufer/in, Außenseiter/in, Sündenbock, Clown, schwarzes Schaf, Professor/in usw. Diese Statusunterschiede innerhalb einer Gruppe formieren sich von Anfang an und sind auch bedingt durch Erwartungen der einzelnen Teilnehmenden untereinander, aufgrund von Aussehen, Selbstsicherheit, Gruppenorientierung etc.

Die Gruppenentstehung und -zusammensetzung

Unterschiede im Spielverhalten lassen sich auch durch die unterschiedliche Zusammensetzung und die Art der Entstehung begründen. Für die Durchführung kooperativer Abenteuerspiele sind in diesem Zusammenhang vier Fragestellungen von Bedeutung:

- Handelt es sich um eine freiwillig zusammengekommene Gruppe?
- Ist diese auf Dauer angelegt oder nicht?
- Ist die Gruppe homogener oder heterogener Natur?
- Handelt es sich um eine formelle oder informelle Gruppe?

Ganz entscheidend ist die Frage nach der Freiwilligkeit der Gruppenfindung. Es gibt zwei Extrempole von Gruppen, die Wahlgruppe und die Funktionsgruppe. Bei der Wahlgruppe handelt es sich um ein Zusammenkommen von Personen auf freiwilliger Basis, während die Mitglieder einer Funktionsgruppe aufgrund eines „freiwilligen Zwangs" teilnehmen. Den Personen wird geraten teilzunehmen oder sie werden institutionell dazu verordnet. Innerhalb dieses Spektrums von freiwilliger Basis und Zwang gibt es natürlich viele Zwischenbereiche. Klassenfahrten von Schulen sind ein gutes Beispiel. Einerseits ist die Fahrt vorgeschrieben, andererseits haben die meisten Schülerinnen und Schüler auch Interesse an der Aktion. Die Teilnahme ist weder nur freiwillig, noch völlig aufgezwungen. Aber inwieweit die

Teilnahme freiwillig ist oder nicht, beeinflusst grundlegend die Motivation der Teilnehmenden und die Gruppensituation. Eine Grundvoraussetzung für den Erfolg kooperativer Abenteuerspiele ist die weitgehende Freiwilligkeit der Spielerinnen und Spieler. Denn wenn diese dazu verpflichtet wurden, werden sie wohl kaum Bereitschaft zeigen, sich in einen Zustand des Ungleichgewichts zu begeben, werden eher Spiele abblocken oder sich ganz weigern mitzuspielen. Die Spielleitung wäre vielmehr gefordert, diese Personen zu erreichen und auch eine innere Teilnahme dieser Spielerinnen und Spieler anzuregen. Deshalb ist es äußerst fraglich, inwieweit eine solche Aktion mit einer reinen Funktionsgruppe überhaupt möglich ist.

Während die Dauergruppe eine Zusammenkunft ist, die auf lange, oft unbegrenzte Zeit fungiert, ist die Gruppe auf Zeit eine Institution, die von Anfang an zeitlich begrenzt ist. Die Mitglieder der Dauergruppe haben meist schon ihren festen Platz innerhalb der Gruppe, sie fühlen sich entweder geborgen oder durch die Gruppe vereinnahmt. Die Gruppe ist ein Ganzes, was auch eine gewisse Uniformität nach sich ziehen kann, bei der die individuellen Grenzen verwischen.

In der Gruppe auf Zeit sind die Positionen meist noch nicht endgültig festgelegt, was zu Rollenkonflikten, Unsicherheiten und Spannungen führen kann. Die Teilnehmenden verfügen über eine große Bereitschaft zu Engagement, die aber zeitlich begrenzt und auf ein bestimmtes Ziel ausgerichtet ist. Mitglieder solcher Gruppen achten meistens mehr auf den individuellen Gewinn einer Aktion. Das Individuum hat einen höheren Stellenwert als die Gruppe im Gegensatz zur Dauergruppe.

In homogenen Gruppen besteht eine relative Gleichheit, eine Verwandtschaft zwischen den einzelnen Mitgliedern. In diesen Gruppen bleibt vieles unausgesprochen, bedarf keiner Klärung, da die einzelnen Personen relativ übereinstimmende Meinungen besitzen. In solchen Gruppen herrscht häufig ein Bestreben zum Erhalt dieser Homogenität, wodurch es dazu kommen kann, dass einzelne Gruppenmitglieder Hemmungen haben, andere Meinungen zu vertreten. Homogenität kann auch zu einer Art „verkrampfter Harmonie" werden. In einer heterogenen Gruppe kommt es dagegen viel häufiger zu Diskussionen, Spannungen und Konflikten. Die Gruppe besteht aus vielen Personen, die verschiedene Meinungen vertreten, was für die einen selbstverständlich erscheint, wird von anderen hinterfragt oder angezweifelt. Solche Gruppen neigen zur Bildung von Subsystemen. Die Gruppe kann sich spalten und es bilden sich starke Sympathien und Antipathien gegenüber den Mitgliedern der verschiedenen Kleingruppen.

Eine formelle Gruppe ist ein organisiertes, strukturiertes System, es besteht Klarheit hinsichtlich der Werte, Normen, Ziele und Ordnung. Alle Gruppenmitglieder kennen ihre Position und die gegenseitigen Erwartungen. Dies kann dazu führen, dass sich die Gruppe sehr verkrampft verhält, alle unterliegen dem formellen Zwang. Personen, die höher in der Hierarchie stehen, besitzen einen stärkeren Einfluss als andere, unabhängig von ihren Stärken und Schwächen. Die informelle Gruppe ist dagegen ein Gebilde, das spontan entstanden ist. Es besteht noch keine differenzierte Struktur, die Ziele, Normen und Werte sind individuell unterschiedlich und noch nicht aufeinander abgestimmt. In diesen Gruppen kann es zu Konfusionen kommen, es bestehen noch keine Absprachen. Die Gruppe benötigt erst noch Zeit, sich zu formieren, abzusprechen, sich gegenseitig kennen zu lernen.

Merkmale einer guten Spielleitung

Merkmale einer guten Spielleitung

„Leiten ist wie eine Kunst – teilweise Gefühl, ein bisschen Intuition, ein Teil Analyse, Theorie und eine Portion Erfahrung.“
(Frei übersetzt nach Rohnke/Butler 1995, 42)

Die bisherigen Ausführungen haben das Potenzial und die Komplexität kooperativer Abenteuerspiele hervorgehoben, allerdings immer in Abhängigkeit von der Spielleitung. Kooperative Abenteuerspiele entfalten nicht von sich aus ihre pädagogische Wirkung, sondern bedürfen einer effektiven Leitung, die die Spieleinheit gewissenhaft plant und vorbereitet. Die Präsentationsphase fordert von der Spielleitung die Fähigkeit, die Spiele bewusst, animierend und präzise darzustellen. Während der Aktionsphase sind wieder andere Qualitäten, wie eine gute Beobachtungsgabe und Situationseinschätzung gefordert. Die Reflexion fordert eine konstante und begleitende Moderation und Sensibilität im Umgang mit komplexen Themen und emotionalen Wortmeldungen. In jeder Phase werden also andere und neue Anforderungen an die Spielleitung gestellt. Neben diesen verschiedenen und variierenden Kompetenzen gibt es zusätzlich noch Fähigkeiten, die generell gelten und phasenunabhängig wichtig für den Verlauf der Spieleinheit sind.

Phasenübergreifende Merkmale einer effektiven Spielleitung

Der entscheidende Knackpunkt bei der Durchführung einer Aktion mit kooperativen Abenteuerspielen ist die Frage, ob es der Spielleitung gelingt, eine Atmosphäre der Sicherheit und des Vertrauens in der Gruppe zu schaffen oder nicht. Neben diesem Hauptkriterium gehört zu den phasenübergreifenden Merkmalen die Veränderung der Rolle und Aufgabe der Spielleitung im Lauf der Aktion. Die Position der Spielleitung sollte sich während der einzelnen Phasen der Spieleinheit verändern.

Zu Beginn ist es wichtig, dass die Leitung auch als solche in Erscheinung tritt. Sie sollte der Gruppe eine klare Struktur bieten, indem sie z.B. den Zeitrahmen, das geplante Programm und die wichtigsten Regeln vorstellt und etabliert. Durch diese Zentrierung auf die Spielleitung haben die Teilnehmenden einen Fixpunkt und die anfängliche Nervosität und Unsicherheit einer Gruppe werden eingegrenzt. Die Teilnehmenden erhalten ein Gefühl der Sicherheit und haben die Möglichkeit, sich zu entspannen.

Im Lauf des Prozesses sollte sich die Spielleitung dann mehr und mehr zurücknehmen, um wichtige Gruppen- und Lernprozesse zu ermöglichen. Es ist unmöglich, einen genauen Zeitpunkt dafür festzulegen. Ein Kriterium ist die Beziehung der Spielerinnen und Spieler untereinander. Sobald sich eine angenehme Atmosphäre entwickelt hat und die Teilnehmenden beginnen, Beziehungen untereinander zu knüpfen, ist es für die Spielleitung an der Zeit, sich zurückzuziehen. Die Gruppe steht im Mittelpunkt und die Spielleitung übernimmt eine begleitende, unterstützende Funktion.

Nur während der Instruktion von speziellen Techniken (z.B. Knoten) und der Vermittlung von Sicherheitsaspekten sollte die Spielleitung ihre Autorität klarstellen. In diesem Moment ist es wichtig, dass die Kompetenz der Leitung deutlich wird. Durch ein souveränes, kompetentes Auftreten kann die Angst der Spielerinnen und Spieler reduziert werden. Ein weiterer Punkt ist der Umgang mit Situationen, die von den Teilnehmenden als gefährlich wahrgenommenen werden. In diesen Momenten ist es von Bedeutung, dass die Spielleitung immer vor Ort ist und die Teilnehmenden wissen, dass diese im Notfall eingreifen kann.

Bei der Demonstration von schwierigen Bewegungsabläufen oder von Handlungen, die Ängste bei den Teilnehmenden hervorrufen, sollte sich die Anleitung auf das Wesentliche beschränken. Falls die Spielleitung selbst Schwierigkeiten oder Angst dabei hat, kann es sogar von Vorteil sein, diese einzugestehen. Durch eine zu reibungslose und scheinbar kinderleichte Demonstration fühlen sich die Spielerinnen und Spieler, wenn sie bei den eigenen Versuchen bemerken, dass es nicht so reibungslos klappt, leicht unfähig oder minderwertig.

In der Reflexionsphase wiederholt sich dieser ganze Prozess. Zu Beginn sollte die Spielleitung die Aufmerksamkeit auf sich lenken, um bestimmte Gesprächsregeln in der Gruppe zu geben und eine konstruktive Diskussion zu initiieren, in deren Verlauf die Teilnehmenden wieder in den Vordergrund rücken.

Die Spielleitung ist also weder Alleinunterhalter, noch Gruppenleitung im klassischen Sinn. Vielmehr sollte die Spielleitung die Gruppe begleiten und fördern und diese so gut es geht in ihren Bemühungen unterstützen, ohne etwas vorwegzunehmen oder diese zu bevormunden. Die Spielleitung übernimmt nur dort die Leitung, wo die Gruppe eine externe Leitung braucht.

Die Atmosphäre der Sicherheit und des Vertrauens

„As leaders, your goal is to create an atmosphere of fun and learning where people have a wide range of opportunities available to them.“
(Steve Butler)

In den bisherigen Ausführungen war schon mehrfach von der Bedeutung einer Atmosphäre der Sicherheit und des Vertrauens die Rede. Nur unter dieser Bedingung ist Lernen im Sinne von Wachstum und Veränderung möglich. Soweit – so gut. Doch wie geht das? Und was bedeutet das für ein angemessenes Verhalten der Spielleitung?

Die Schlüsselbegriffe sind Akzeptanz und Empathie. Diese beiden Werte sind die Grundvoraussetzung, um eine solche Atmosphäre entstehen zu lassen. „Wenn ich (…) versuche, die Welt des anderen nicht mit meinen, sondern mit seinen Augen zu sehen, so entsteht ein Klima des Verständnisses und des Vertrauens." (Heckel 1999, 92). Die Übertragung dieser Einstellung der Spielleitung kann unterschiedlich verlaufen, entweder explizit durch die Aufstellung von Regeln oder allein durch das Vorleben dieser Werte.

Die Spielleitung hat schon deshalb einen großen Einfluss auf die Atmosphäre der Spieleinheit, da die Spielerinnen und Spieler unbewusst enorm viel Energie und Zeit darauf verwenden, sie zu beobachten. Ständig unter Beobachtung zu stehen, empfinden manche Spielleitungen als unangenehm, aber darin liegt auch eine sehr große Chance. Die Spielleitung hat die Möglichkeit, durch ihr Verhalten die Spielerinnen und Spieler positiv zu beeinflussen, das Schaffen einer angenehmen Atmosphäre zu fördern. Das A und O dabei ist, dass sich die Teilnehmenden von der Spielleitung akzeptiert und verstanden fühlen. Die Leitung sollte sich gegenüber den Spielerinnen und Spielern als Partner erweisen, diese wertschätzen, ernst nehmen und respektieren. So fällt es den Gruppenmitgliedern leichter, sich auch untereinander zu öffnen und eine offene und ehrliche Beziehung aufzubauen.

Ganz wichtig ist der Kontakt mit den Teilnehmenden. Die Spielleitung sollte aktiv das Gespräch mit den Spielerinnen und Spielern suchen. Besonders in der Anfangsphase können so Hemmungen abgebaut und Beziehungen aufgebaut werden. „Talk with them, not at them." (Rohnke/Butler 1995, 57). Spielleitungen können auch ruhig einmal eine Geschichte erzählen, in der sie nicht so gut abgeschnitten haben. So können die Spielerinnen und Spieler sehen, dass man nicht immer gut aussehen muss bei einer Sache und dass man auch mit jemandem lachen kann und nicht nur über jemanden. Dies sollte aber nicht so verstanden werden, dass es sich hierbei um eine Show der Spielleitung handelt. Es sollte ganz klar sein, dass die Teilnehmenden im Mittelpunkt des Geschehens stehen, es ist ihre Zeit. Die Spielleitung ist nicht dafür da, die eigenen Fähigkeiten und Kompetenzen zur Schau zu stellen, sondern den Spielerinnen und Spielern die Möglichkeit zu geben, selbst Kompetenzen zu erwerben.

Weitere Punkte bei der Schaffung einer angenehmen Atmosphäre sind Spaß und Humor. Dies sind zwei ganz wichtige Faktoren, deren Bedeutung oft unterschätzt wird. Wenn die Spielerinnen und Spieler Spaß haben, werden sie automatisch lockerer und fühlen sich wohl. Spaß wirkt animierend und einladend. Warum sonst sollten sich erwachsene Menschen auf einer Wiese „herumwälzen", wenn es nicht Spaß machen würde. Deshalb sollte die Spielleitung besonders in der Anfangsphase diesem Punkt Beachtung schenken. Bei Warm-ups empfiehlt es sich auch, dass die Spielleitung mitspielt. Denn durch das eigene Mitspielen ist es möglich, Verhaltensweisen wie Enthusiasmus, Albernheit, Kooperation und Unterstützung in der Gruppe zu etablieren und wünschenswerte oder angestrebte Werte modellhaft vorzuleben.

Neben diesen indirekten Faktoren besteht aber auch die Möglichkeit, explizit auf die Einhaltung bestimmter Grundregeln zu pochen, um eine Atmosphäre der Sicherheit und des Vertrauens zu gewährleisten. Im angloamerikanischen Raum spricht man in diesem Zusammenhang vom „Full Value Contract". Der Sinn der gemeinsamen Arbeit wird durch einen zwischen der Spielleitung und den Teilnehmenden geschlossenen – mündlichen oder schriftlichen – Vertrag nachhaltig unterstützt. Dieser Vertrag ist ein „contract in process", ein Set von Vereinbarungen, das sich in der Regel erst allmählich entwickelt und immer wieder in gegenseitigem Einvernehmen verändert werden kann. Bestandteile dieses Vertrags können sein:

- Gegenseitige Achtung und Wertschätzung.
- Jeder behandelt die anderen so, wie auch er behandelt werden möchte.
- Alle versuchen als Gruppe zusammenzuarbeiten, um die gemeinsamen und individuellen Ziele zu erreichen.
- Alle wichtigen Themen werden offen und ehrlich angesprochen, wobei jeder selbst dafür verantwortlich ist, dass seine Gedanken und Sorgen zu Wort kommen.
- Alle halten an diesen Regeln sowie bestehenden Sicherheitsaspekten fest.

Der Einsatz kooperativer Abenteuerspiele eröffnet den Teilnehmenden große Freiräume innerhalb eines abgesteckten Rahmens. Im Rahmen eines „Full Value Contracts" werden den Teilnehmenden dieses Arbeitsverständnis, die Selbstverantwortung innerhalb der Frei- und Spielräume und die Grenzen und Beschränkungen des Rahmens transparent gemacht.

Falls sich die Spielleitung dafür entscheidet, einen solchen Vertrag mit der Gruppe abzuschließen, ist es wichtig, dass dieser auch wirklich mit der Gruppe erarbeitet und einstimmig beschlossen wird. Von zentraler Bedeutung ist es, dass sich Spielleitung wie Teilnehmende dabei über die Existenz von drei Entscheidungsebenen im Klaren sind:

- Vorgegebene Bedingungen
- Gemeinsam vereinbarte Bedingungen
- Verantwortungsspielraum der Gruppe

Je größer der Verantwortungsspielraum der Gruppe (und damit auch der einzelnen Teilnehmenden) ist, desto größer sind auch die Chancen, dass es zu persönlich bedeutsamen Lernerfahrungen kommen kann.

Der Erfolg dieser Methode ist maßgeblich von dem Einverständnis der Spielerinnen und Spieler abhängig. Deshalb sollte sich die Spielleitung genügend Zeit für dessen Besprechung lassen und die Teilnehmenden damit nicht überrollen. Bei der Präsentation der Grundsätze empfiehlt es sich, genau auf die verbalen und nonverbalen Reaktionen der Gruppenmitglieder zu achten und gegebenenfalls Unstimmigkeiten anzusprechen. Erst wenn alle wichtigen Punkte diskutiert und von der Gruppe akzeptiert worden sind, ist es möglich, mit dem Programm weiterzumachen, da sonst ein gegenteiliger Effekt erreicht wird und die Teilnehmenden sich von der Spielleitung möglicherweise abgewertet, ignoriert oder nicht wichtig genommen fühlen.

Die Planungsphase

Die Planungsphase

„Meine Herren Generäle, sollten sie feststellen, dass unsere Karten nicht mit der Landschaft übereinstimmen, können sie davon ausgehen, ... die Landschaft stimmt.“
(Verfasser unbekannt)

Jedes Abenteuerspiel ist ein Abenteuer. Zum einen für die Teilnehmenden, da diese mit Aufgaben konfrontiert werden, die neu und herausfordernd für sie sind, und zum anderen für die Spielleitung, da diese nicht weiß, ob die Gruppe die Aufgabe schaffen wird, und es fast unmöglich ist, im Vorfeld den genauen Spielverlauf vorherzusehen.

Um diesem Abenteuer als Spielleitung positiv gespannt entgegenzutreten, ist es wichtig, jede Spieleinheit vorab gut zu planen. Die so entstandene Einheit darf jedoch nicht starr und rigide sein. Für die Effektivität der Planung ist es entscheidend, dass die Spielleitung flexibel und spontan bleibt und situations- und teilnehmerorientiert handelt. Die Spielleitung sollte in der Lage sein, „Spielstunden so zu planen und durchzuführen, das“ sie „auf Bedürfnisse und Interessen, die im Spiel geäußert werden, mit einem angemessenen Spielangebot ‚antworten‘ kann“ (Fritz 1986, 83–84).

Im Rahmen einer Spielkette sollte eine Gruppe mehrere Kooperationsaufgaben hintereinander lösen. Die Spielleitung hatte die Spiele so ausgewählt, dass die Gruppe zunächst mehrere leichte Aufgaben lösen sollte. Mit dem ansteigenden Schwierigkeitsgrad wollte die Spielleitung zusätzlich die Intensität der eingeschobenen Reflexionsrunden erhöhen, von einem kurzen nonverbalen Stimmungsbild zu Beginn der Einheit bis hin zu einer komplexen Gesprächsrunde nach der letzten Aufgabe.

Bereits bei der ersten Aufgabe war aber schon deutlich zu erkennen, dass die Gruppe einen massiven Klärungsbedarf bezüglich der gruppeninternen Kommunikation hatte. Einige Teilnehmenden machten lautstark Späße auf Kosten ihrer Mitspielerinnen und Mitspieler und es gab keinerlei Absprachen untereinander. Daher entschied sich die Spielleitung direkt nach Abschluss dieser Aufgabe zu einer ausgiebigen Reflexion des Erlebten und es folgte eine intensive Gesprächsrunde zu den Themen Kommunikation und Wertschätzung.

Durch diese nicht geplante Reflexion veränderte sich der gesamte Spannungsbogen der Spieleinheit. Nach dieser ersten Aufgabe stand den Teilnehmenden der Sinn mehr nach einer kurzen Pause als nach einer weiteren anspruchsvollen Herausforderung.

Bei der nächsten Aufgabe sollten eigentlich alle Teilnehmenden – bis auf zwei Personen, die die Plane ziehen dürfen – auf einer Plane innerhalb einer bestimmten Zeit gemeinsam von A nach B gelangen („Planenrennen"). Die Spielleitung veränderte spontan die Struktur dieser Aufgabe. Sie legte eine zweite Plane aus und ließ zwei Gruppen gegeneinander antreten. Es folgte ein ausgelassenes Wettkampfspiel mit mehreren Durchgängen. Danach fühlten sich alle Teilnehmenden wieder erfrischt und waren bereit für die nächste gemeinsame Herausforderung.

Generell lässt sich die Planungsphase in mehrere Bereiche gliedern, die im Folgenden näher erläutert werden:

1. Das Sammeln von Informationen
2. Die Festlegung des Zielrahmens
3. Die Auswahl und Zusammenstellung der Spiele
4. Die Anpassung der einzelnen Spiele an die Gruppe
5. Das Verändern von Spielen
6. Die Vorbereitung

Zusätzlich umfasst dieses Kapitel eine Anregung, wie die Spielleitung neue Spiele erfinden kann.

Das Sammeln von Informationen

Die Sammlung von Informationen bildet die Basis für eine sinnvolle Spielplanung.

Zuallererst muss sich die Spielleitung mit dem institutionellen Rahmen der Maßnahme auseinandersetzen. Welche Legitimation besitzt die Spielleitung für ihr Handeln? Handelt es sich um eine Erholungsaktion, eine Bildungsmaßnahme, ein Training oder eine Therapie (siehe „Ziel und Zweck einer Gruppe")?

Bei einer therapeutischen Maßnahme im Rahmen einer Rehabilitationsklinik für Drogensüchtige ist es möglicherweise sinnvoll, die Teilnehmenden mit ihren Verhaltensmustern direkt zu konfrontieren, diese infrage zu stellen und so eine konstruktive Auseinandersetzung mit dem eigenen Verhalten, den Emotionen und Kognitionen anzuregen und zu fördern. Bei einem Workshop zur Steigerung des Teamgeistes wäre diese Vorgehensweise zu einschneidend und übergriffig. Die Spielleitung verfügt weder über den Auftrag noch über den Rahmen, in die Tiefe zu gehen und die Transaktionsmuster der Spielerinnen und Spieler infrage zu stellen.

Welche Erwartungen haben die Spielerinnen und Spieler an die Leitung und an die betreffende Institution?

Wenn es sich um eine Fortbildung für pädagogische Fachkräfte handelt, bestehen sicherlich andere Erwartungen an die Spielleitung als bei einem Teamtraining zur Verbesserung der gruppeninternen Kommunikation.

Gibt es eine übergeordnete Institution seitens der Spielerinnen und Spieler?

Wenn die Spiele beispielsweise mit Schülerinnen und Schülern in ihrer Klasse stattfinden soll, ist der Handlungs- und Bewegungsspielraum sehr eingeschränkt. Vornehmlich bedingt durch das schulische Curriculum, aber auch durch Raumgröße, Ausstattung, Zeiteinteilung, Nachbarklassen usw.

All dies sind Fragen und Probleme, die sich auf das Spielgeschehen und die Spielleitung auswirken und im Vorfeld abgeklärt werden sollten.

Generell lässt sich sagen, „je ‚zwingender' der institutionelle Rahmen, je verbindlicher die Organisationsstruktur, desto weniger Handlungsspielraum bei der Bestimmung der äußeren Bedingungen des Spiels hat der Spielleiter" (Fritz 1986, 66).

Neben dieser institutionellen Orts- und Rahmenbestimmung gehört zu dieser Phase auch die Auseinandersetzung mit den Faktoren Ort, Zeit und dem zur Verfügung stehenden Material (siehe Kapitel „Einflussfaktoren").

Der wichtigste Teil dieser Phase ist jedoch die Auseinandersetzung mit der Gruppe, die aus zwei Perspektiven verlaufen kann. Entweder die Gruppe ist bekannt und die Spielleitung entnimmt ihre Kenntnisse über die Gruppe eigenen Beobachtungen und Erfahrungen oder Gruppe und Spielleitung sind sich gegenseitig unbekannt. In letzterem Fall sollte die Spielleitung versuchen, Kontakt mit der jeweiligen Ansprechperson der Gruppe aufzunehmen, um so viele Informationen zur Gruppe wie möglich zu sammeln.

Grundlegende Faktoren sind das Alter und die Größe der Gruppe. Sie bilden den Rahmen der Planung. Mit diesen Faktoren lässt sich schon eine erste Spielauswahl treffen. Kenntnisse über Gruppenstruktur, Ziel, Zweck, Entstehung und Zusammenkommen der Gruppe, Gruppenphase und bestehende Dynamiken vervollständigen die Gruppenanalyse. Sie bestimmen vornehmlich den zu formulierenden Zielrahmen und das Verhalten der Spielleitung während der Durchführung der Spielsequenz (siehe Kapitel „Die Gruppe“)

Checkliste zur Sammlung von Informationen

Informationen zum Auftraggeber/Hintergrund der Spieleinheit

- In welchem Rahmen soll die Spieleinheit stattfinden (Teamtraining, Betriebsausflug, Klassenfahrt, Ferienfreizeit, Fortbildung etc.)?
- Wie ist die Spieleinheit in das Rahmenprogramm eingebunden (Vorbereitung auf eine darauf aufbauende Einheit, Entspannung oder Abwechslung nach einem anstrengenden Programm, eigenständiger Programmpunkt, geplanter Höhepunkt)?
- Wie ist die Spieleinheit bei den Teilnehmenden angekündigt worden (Übung, Abenteuer, Spiel, Prüfung, Experiment, Überraschung ...)?

Informationen zu den Rahmenbedingungen

- Welche Räumlichkeiten (welches Gelände) stehen für die Spieleinheit zur Verfügung?
- In welchem zeitlichen Rahmen soll die Spieleinheit stattfinden?
- Welche möglichen Spielmaterialien sind vorhanden?

Informationen zur Gruppe

- Wie groß ist die Gruppe?
- Wie ist das Verhältnis von weiblichen und männlichen Teilnehmenden in der Gruppe?
- Wie alt sind die Teilnehmenden?
- Wie gut kennen sich die Teilnehmenden untereinander?
- Gibt es Außenseiter/-innen in der Gruppe?
- Gibt es mehrere Cliquen?
- Gibt es eine formelle/informelle Leitung in der Gruppe?
- Hat die Gruppe bereits Erfahrungen mit kooperativen Abenteuerspielen?

- Wie ist die körperliche Verfassung der Teilnehmenden (können z.B. alle über ein hüfthohes Seil gehoben werden)?
- Haben einzelne Teilnehmende bestimmte Handicaps, die bei der Planung berücksichtigt werden müssen (z.B. Gleichgewichtsstörungen, Epilepsie, Hörschaden etc.)?

Informationen zur Klärung des Zielrahmens

- Welche Erwartungen sind mit der Spieleinheit verbunden?
- Gibt es schon konkrete Themen, die in der Gruppe präsent sind (Kommunikationsprobleme, ungeklärte Leitungsfrage, unterschiedliche Ansprüche)?
- Was muss passieren, damit die Leitung zufrieden mit der Spieleinheit ist?
- Was muss passieren, damit das Team zufrieden mit der Spieleinheit ist?
- Gibt es Unterschiede zwischen den Erwartungen von Team und Leitung?
- Was sind die Stärken der Gruppe, was können die Teilnehmenden gut?
- Gibt es Schwachpunkte bei der Gruppe?

Die Festlegung des Zielrahmens

Aufbauend auf diese Informationen, erfolgt die Zielrahmendefinition. Was möchte die Spielleitung mit den Spielen erreichen? Und vielleicht noch interessanter: Was möchten die Teilnehmenden mit der Aktion erreichen? Denn neben den eigenen Gedanken und Erwartungen existieren noch genauso viele andere Ideen, Wünsche und Erwartungen, wie es Spielerinnen und Spieler gibt.

Im Rahmen einer Klassenfahrt möchten die zwei mitfahrenden Lehrkräfte vor allem die vorhandenen Konflikte thematisieren und die Klasse mit ihrer geringen Frustrationstoleranz konfrontieren. Die Schülerinnen und Schüler haben dagegen die Erwartung, Spaß zu haben und eine schöne Zeit miteinander zu verbringen.

Wenn einige Spielerinnen und Spieler mit der Erwartung von Spaß gekommen sind, muss die Spielleitung auf dieses Bedürfnis eingehen. Nur so kann sie die Bereitschaft der Spielerinnen und Spieler erlangen, sich auf die eigentlich geplanten Themen wie die Förderung der Kommunikations- und Konfliktfähigkeit einzulassen. Dies ist ein schwieriges Unterfangen, aber für den Erfolg einer Spieleinheit ist es wichtig, alle Wünsche und Erwartungen ernst zu nehmen und in der Programmgestaltung zu berücksichtigen.

Eine Möglichkeit, besteht darin, im Vorfeld oder am Anfang einer Aktion eine Erwartungsanalyse mit den Teilnehmenden zu veranstalten. Darüber hinaus empfiehlt es sich, die ersten Spiele zunächst relativ offen zu gestalten, um so herauszufinden, was das Thema der Gruppe ist, welche Ziele und Erwartungen die Teilnehmenden haben, und diese in die weitere Planung mit einzubeziehen.

Bei der Zielrahmendefinition wird zwischen Grob- und Feinzielen unterschieden. Das Grobziel bezieht sich auf die gewünschte Richtung des Lernprozesses. Diese wird vorher festgelegt und ist in der Regel nicht leichtfertig veränderbar. Feinziele beziehen sich auf aktuelle Wünsche und Bedürfnisse der Gruppe und sind situations- und teilnehmerorientiert zu formulieren und den aktuellen Wünschen und Erwartungen anzupassen.

Im Folgenden ist ein Spektrum möglicher Grobziele aufgeführt, die aus den Bereichen des sozialen Lernens und der Persönlichkeitsentwicklung stammen und mittels kooperativer Abenteuerspiele verfolgt werden können:

- **Kooperationsfähigkeit**

Fast alle kooperativen Abenteuerspiele basieren auf dem Element der Kooperation. Die Gruppe steht im Mittelpunkt. Nur durch kooperatives Verhalten können die Aufgaben gelöst werden. Es gibt keine individuellen Gewinner und Verlierer.

- **Konfliktfähigkeit**

Aufgrund der Aufgabenstellung, die von den Teilnehmenden als subjektiv herausfordernd angesehen wird, kann es zu Konflikten innerhalb der Gruppe kommen. Durch den „Als-ob-Charakter" und die Überschaubarkeit der Spielsituation bieten diese ein ideales Lernfeld, um die Konfliktfähigkeit zu verbessern.

- **Helfen und sich helfen lassen**

Die Spiele sind so konzipiert, dass alle Spielerinnen und Spieler auf die Hilfe der anderen angewiesen sind und die verschiedensten Handlungskompetenzen gefordert werden. Dadurch können die Teilnehmenden lernen, sich gegenseitig zu unterstützen und von anderen Hilfe anzunehmen.

- **Übernahme von Initiative und Verantwortung**

Die Spielerinnen und Spieler müssen innerhalb der Gruppe Initiative zeigen, um gemeinsam erfolgreich zu sein. Dazu gehört es, sich als Person einzubringen, um die Situation zu bewältigen, und die Verantwortung für das eigene Verhalten zu übernehemen.

- **Selbstwertgefühl**

Durch die komplexe Aufgabenstellung ist die aktive Beteiligung aller Spielerinnen und Spieler wichtig. Die Spiele sind von ihrem Ziel auf den Erfolg hin ausgerichtet. Das Erlebnis, aufgrund der eigenen Initiative zum Erfolg der Gruppe beigetragen zu haben, kann das Selbstwertgefühl des Einzelnen steigern.

- **Realistische Selbsteinschätzung**

Besonders Jugendliche haben heutzutage wenig Gelegenheit, sich auszuprobieren und eigene Grenzen kennen zu lernen. Durch die subjektive Herausforderung, die Offenheit der Situation, die erforderliche Eigeninitiative und die Spiegelung der Gruppe haben sie die Möglichkeit, ihre Schwächen und Stärken besser kennen und sich selbst realistischer einschätzen zu lernen.

- **Körperbewusstsein**

Viele der Spiele erfordern es, dass sich die Spielerinnen und Spieler gegenseitig berühren, anfassen oder stützen bzw. dass sie selbst ihren Körper in ungewohnter Weise fordern. Dadurch erfahren diese ihren Körper intensiver und können ein besseres Körperbewusstsein entwickeln.

- **Vertrauen**

Neben den Vertrauensspielen, die explizit dieses Ziel verfolgen, sind die Spielerinnen und Spieler auch bei den anderen Spielen darauf angewiesen, sich gegenseitig zu vertrauen, beispielsweise wenn einzelne Personen über ein Hindernis gehoben werden. Die Spiele fördern das Selbst- und das Fremdvertrauen.

- **Wahrnehmung**

Viele Spiele dienen der Sensibilisierung der Sinne. Sei es durch die Aufgabenstellung, sich die Augen zu verbinden, um eine bestimmte Situation zu bewältigen, oder dadurch, dass niemand sprechen darf und die Kommunikation auf nonverbaler Ebene geführt wird. Durch den Wegfall dieser normalerweise dominanten Funktionen sind die Spielerinnen und Spieler gefordert, andere Sinne zu benutzen. Diese werden geschärft und die Wahrnehmung wird gefördert.

- **Koordination**

Durch die Komplexität der Spiele und die Anforderungen an die gesamte Gruppe bedarf es einer guten Koordination innerhalb der Gruppe, um die Aufgabe erfolgreich zu lösen. Die Spielerinnen und Spieler müssen ihre Aktionen besprechen und planen. Jeder Einzelne kann so seine Koordinationsfähigkeit verbessern.

(Vgl. Gilsdorf/Kistner 1995, 22–23)

Die Auswahl und Zusammenstellung der Spiele

Zunächst lassen sich alle Aktivitäten innerhalb der Abenteuerspiele in vier große Bereiche aufteilen:

1. *Kennenlernspiele*
2. *Spaßspiele*
3. *Abenteuerspiele*
4. *Reflexionsübungen*

Gillsdorf und Kistner untergliedern den Bereich der Abenteuerspiele zusätzlich noch in folgende Kategorien:

- *Wahrnehmung*
- *Vertrauen*
- *Kommunikation*
- *Kooperation*
- *Problemlösung*
- *Abenteueraktion*

Je nachdem, was Ziel und Zweck der Spieleinheit sein soll, können aus diesen Bereichen und Kategorien einzelne Spiele ausgewählt bzw. Spielketten zusammengestellt werden.

„Dabei stehen Spielauswahl und Gruppenprozess in einem sich wechselseitig bedingenden Abhängigkeitsverhältnis. Sie fördern oder blockieren sich gegenseitig. Bei der Auswahl der Spiele, die zu einer Spielsequenz kooperativer Abenteuerspiele zusammengestellt werden, ist es deshalb notwendig, die Gruppenentwicklung bei der Spielplanung mit zu berücksichtigen." (Kistner 2007, 2).

Vertrautheit in der Gruppe
Spiele, die einen höheren Grad an Vertrautheit erfordern, als er in der Gruppe vorhanden ist (z.B. Körperkontakt beinhalten), können dazu führen, dass sich die Spieler unwohl fühlen. Es kommt zu Unsicherheit und Befangenheit. Idealerweise sollten Spiele verwendet werden, die an den aktuellen Grad an Offenheit und Vertrautheit anknüpfen und zu dessen Erweiterung beitragen. Zu Beginn einer Spieleinheit sollte daher immer eine Phase des Kennenlernens und des „Miteinander-warm-werdens" stehen.

Kooperation untereinander
Die Fähigkeit zur Kooperation, also einer aufeinander eingehende Zusammenarbeit, entwickelt sich in einer Gruppe. Gute Kooperation benötigt eine gute Kommunikation untereinander und ein – zumindest aufkommendes – Gemeinschaftsgefühl innerhalb der Gruppe. Spiele, die einen hohen Grad an Kooperation erfordern, sollten daher möglichst gegen Ende einer Spielsequenz stattfinden.

Erfolgserlebnisse

Begeisterung und Beteiligung der Teilnehmenden sind höher, wenn die Gruppe gemeinsame Erfolgserlebnisse feiern konnte. Daher sollten die Spiele so ausgewählt und gestaltet werden, dass eine realistische Chance für die Gruppe besteht, diese erfolgreich zu lösen. Dies gilt insbesondere für Gruppen, die in ihrem Alltag viele Misserfolge erleben.

Herausforderung

Ein weiterer Faktor für die Begeisterung der Gruppe ist die Herausforderung. Die Spiele sollten Anforderungen an die Teilnehmenden stellen, die deren aktuelle Kompetenzen ganz fordern, aber dennoch im Rahmen des Möglichen sind. So werden die Fähigkeiten und der Handlungsspielraum der Gruppe Stück für Stück größer. Im letzten Spiel einer Abenteuerspielsequenz bewegt sich die Gruppe idealerweise dann einen Schritt hinter der Grenze des Vorstellbaren, aber des immer noch Machbaren. Der Schritt von der Herausforderung zur Überforderung ist allerdings sehr klein.

Spaß und Freude

Spiele sollen eine Atmosphäre von Spaß bis hin zur Ausgelassenheit fördern und ermöglichen. Die Ursache dafür liefern der Spielaufbau, die Spielerklärungen, aber vor allem das Verhalten der Spielleitung. Der Grad an Ausgelassenheit sollte jedoch nicht so weit gehen, dass dadurch die Gefühle von Risiko, Vertrauen und Herausforderung überdeckt werden.

Vertrauen

Vertrauen gegenüber den anderen kann nicht allein durch Spiele erreicht werden, sondern ist ein Prozess der alle Interaktionen der Teilnehmenden, auch außerhalb des Spielgeschehens, mit einbezieht. Vertrauensspiele sind eine Möglichkeit, die Vertrauensbasis, die in der Gruppe besteht, festzustellen, zu testen und vielleicht zu festigen. Sie bieten den Spieler/-innen aber auch die Möglichkeit, zu entscheiden, wem in der Gruppe sie mehr vertrauen und wem weniger.

Risiko

Einige Spiele werden die Teilnehmenden aufgrund des Spielaufbaus bzw. der Aufgabenstellung mit Gefahr verbinden, sei es physischer (z.B. Verletzung) oder psychischer Art (z.B. Blamage). Es sollte hierbei bedacht werden, dass die Gefahreneinschätzung der Einzelnen sehr unterschiedlich sein kann und nicht unbedingt rational zu erklären ist. Die Spielerinnen und Spieler sollten daher zu keiner Aktivität gezwungen werden. Viele Aktivitäten, bei denen die Angst sehr hoch ist, können selbst bei erfolgreicher Teilnahme ein negatives Erlebnis für die Teilnehmenden darstellen (siehe „Das Komfortzonenmodell").

Kompetenz
Zur Überprüfung, ob ein Spiel zu der Gruppe passt, empfiehlt sich die Überlegung, inwieweit die einzelnen Teilnehmenden und die Gruppe über die erforderlichen Rollen für das Spiel verfügen. Das Spiel „Das Spinnennetz" erfordert beispielsweise die Rolle des Koordinators, des Initiators, des Zuhörers, des Zupackenden usw. (vgl. Ringer 1992, 9–10, Kistner 2007).

Neben diesen Aspekten ist ein besonders wichtiger Punkt bei der Auswahl und Gestaltung einer Spieleinheit noch das eigene Gefühl: Die Spielleitung sollte nur Spiele planen, die sie selbst gut findet und von denen sie sich vorstellen könnte, sie selbst zu spielen. Sobald ein ungutes, unsicheres oder mulmiges Gefühl bei einem bestimmten Spiel entsteht, ist das ein Zeichen dafür, dass das Spiel nicht optimal ist. Die Wahrscheinlichkeit, dass das Spiel ein Misserfolg wird, ist dann relativ hoch. Die zentralen Fragen in dieser Phase sind deshalb: Hätte ich selbst Lust, dieses Spiel zu spielen? Habe ich Lust, dieses Spiel anzuleiten? Denn nur wenn diese Fragen mit Ja beantwortet werden können, besteht die Möglichkeit, die Spieler/-innen für dieses Spiel zu motivieren, sie zu begeistern.

Spielketten

Kooperative Abenteuerspiele setzen sich in der Regel aus mehreren Spielen in einer Spielkette zusammen. Der Begriff „Spielkette" bezieht sich auf die Verknüpfung von mehreren Spaß- bzw. Abenteuerspielen und Reflexionsübungen zu einer in sich geschlossenen Einheit. Die Gruppe hat innerhalb dieser Einheit die Chance, verschiedene Möglichkeiten auszuprobieren und mit neuen Ideen zu experimentieren. Die gewonnenen Erkenntnisse aus der vorausgegangenen Aktion können im weiteren Spiel direkt umgesetzt und getestet werden.

Den Anfang einer Spielkette bilden ein bis zwei Spaßspiele. Diese ermöglichen es den Teilnehmenden, miteinander vertraut zu werden. Durch den hohen Grad an Bewegung und Spielfreude werden sie dazu motiviert, sich auf den anstehenden Gruppenprozess einzulassen.

Danach folgen zwei bis fünf Abenteuerspiele. Bei mehr als fünf Abenteuerspielen hintereinander besteht die Gefahr, dass der spielerische Spannungsbogen der Gesamteinheit nicht gehalten werden kann. Aufgrund der dauerhaften Anspannung und Belastung sind die Spieler/-innen irgendwann nicht mehr in der Lage, sich über einen längeren Zeitraum zu konzentrieren, und die Leistungsfähigkeit und Bereitschaft der Beteiligten sinkt. Ist dies der Fall, kann es sinnvoll sein, nach dem dritten oder vierten Abenteuerspiel ein zusätzliches Spaßspiel einzuschieben. Dadurch bekommen die Teilnehmenden die Möglichkeit, sich zu erholen und neue Energie für die anstehenden Aufgaben zu sammeln.

Das erste Abenteuerspiel ist von besonderer Bedeutung, da es den Übergang vom Spiel zur Kooperationsübung markiert. Die Aufgabe muss die Gruppe spielerisch ansprechen und bereits leicht herausfordern. Spiele mit wenigen Regeln und einem eindeutigen Ergebnis sind in dieser Phase einer Spieleinheit besonders gut geeignet.

Um die Spielfreude und den gemeinsamen Spaß zunächst aufrechtzuerhalten, muss diese erste Aufgabe für die Gruppe auf jeden Fall lösbar, aber nicht automatisch zu schaffen sein. Wenn die Aufgabe zu leicht ist und die Gruppe sie sofort löst, besteht die Gefahr, dass die Teilnehmenden zu stark auf der spielerischen Ebene verhaftet bleiben und es nicht gelingt, ernsthaft in einen konstruktiven Gruppenprozess einzusteigen. Scheitert die Gruppe auch nach mehreren Versuchen, wird die Spielfreude zu stark gedämpft und die Motivation der Teilnehmenden, sich auf die geplante Spieleinheit weiter einzulassen, geht verloren.

Ein gutes Abenteuerspiel zum Einstieg ist beispielsweise das „Reifentor". Die Aufgabe wirkt auf den ersten Blick ziemlich schwierig, ist aber mit einem gewissen Maß an Konzentration und Einsatzbereitschaft relativ einfach zu lösen. Alle Teilnehmenden sind aufgrund der Aufgabenstellung gleichermaßen an der Lösung der Aufgabe beteiligt und Verlauf und Ergebnis der Aufgabe sind für alle eindeutig nachzuvollziehen.

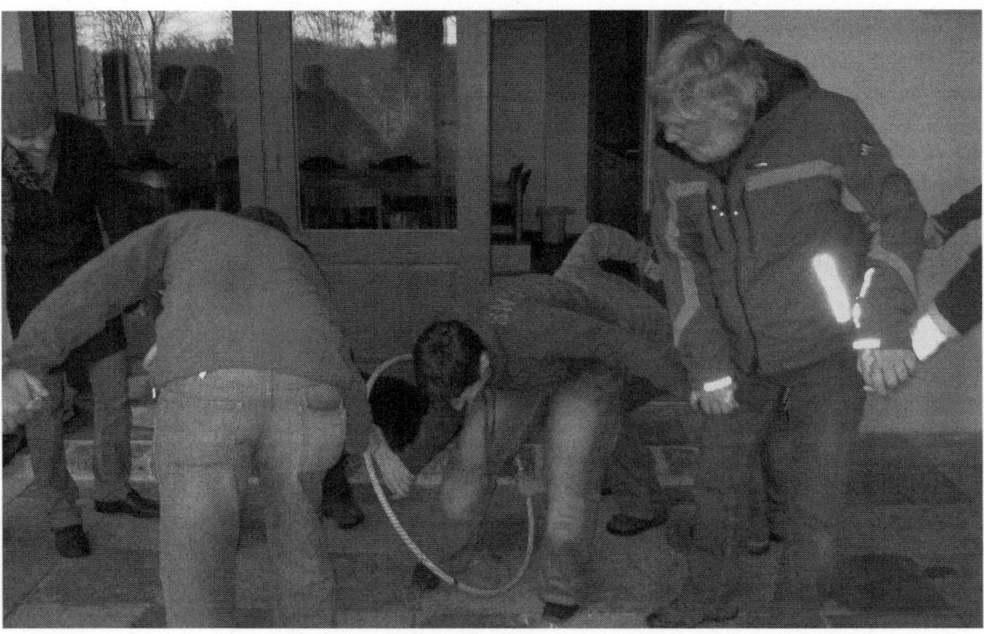

Nach jeder Aufgabe lädt die Spielleitung die Gruppe zu einer Reflexion ein. Um diese für alle Beteiligten dauerhaft interessant zu halten, sollten alle Reflexionen methodisch unterschiedlich gestaltet sein. Die Intensität und Dauer der Reflexionsrunden sollten dem jeweilig vorangegangenen Abenteuerspiel entsprechen und relativ einfach beginnen. In der ersten

Reflexionsrunde ist es beispielsweise völlig ausreichend, die Themen der Einheit kurz anzudeuten und allen Beteiligten die Möglichkeit zu bieten, ihre Meinung zum Spielverlauf und der Gruppe zu äußern.

An dieser Stelle eignet sich z.B. „Der Cäsar-Daumen". Alle Teilnehmenden schließen die Augen und strecken ihre geschlossene Hand in die Mitte. Die Spielleitung stellt verschiedene Fragen zum Spielverlauf. Je nachdem, wie jeder Einzelne diese Fragen für sich beantwortet, zeigt er mit dem Daumen nach oben (Ja) oder nach unten (Nein). Sobald alle entschieden haben, öffnen sie die Augen und können sehen, wie die anderen Gruppenmitglieder entschieden haben. Aufgrund der gestellten Fragen kann die Leitung der Gruppe spielerisch den Sinn und Zweck der Spieleinheit vermitteln und die Beteiligten müssen nur per Handzeichen zu den gewählten Themen Stellung beziehen.

In den nächsten Aufgaben steigert sich der Schwierigkeitsgrad und der Anspruch an die Gruppe wächst. Die folgenden Abenteuerspiele dienen in erster Linie der Möglichkeit, neue Erfahrungen zu sammeln und den angestoßenen Gruppenprozess innerhalb der Gruppe zu vertiefen und zu intensivieren.

Die Abenteuerspiele sollten so ausgewählt und gestaltet werden, dass deren Lösung die Gruppe vor einige Probleme stellt und nur möglich ist, wenn die Spieler/-innen alle ihnen zur Verfügung stehenden Ressourcen und Kompetenzen mit in den Spielverlauf einbringen.

Beim Einsatz von spielerischen Rahmengeschichten eignen sich in dieser Phase der Spielkette besonders gut Aufgaben, bei denen die Gruppe von A nach B muss, ein Hindernis überqueren soll oder etwas zu transportieren ist.

In dieser Phase ist es nicht schlimm, wenn kurzzeitig die Rahmengeschichte und der Spielspaß der Teilnehmenden aus dem Blick geraten. Der Anforderungscharakter der Aufgaben tritt in den Vordergrund und die Spieler/-innen sind aufgrund des vorangegangenen Erfolgserlebnisses und der spielerischen Heranführung genügend motiviert, sich auf die Aufgaben einzulassen.

Die anschließenden Reflexionen sind dem Schwierigkeitsgrad entsprechend deutlich differenzierter und tiefgehender gestaltet als die Anfangsrunde. Die Spieler/-innen werden angeregt, sich über ihre Gefühle und Wahrnehmungen auszutauschen und sich mit deren möglichen Zusammenhängen auseinanderzusetzen. *Zusätzlich sollte jede Reflexionsrunde einen Ausblick auf die anstehenden Aufgaben beinhalten.* Die Teilnehmenden überlegen sich, was sie sich für das kommende Abenteuerspiel vornehmen möchten: Welche Verhaltensweisen und Eigenschaften haben sich als positiv erwiesen und sollten beibehalten werden? Was war nicht gut und sollte sich ändern? Worauf wollen wir in Zukunft achten?

Zum Abschluss einer Spielkette folgt wiederum ein relativ einfaches Abenteuerspiel. Die Teilnehmenden haben die Möglichkeit, ihre Vorsätze und Erkenntnisse aus den bisherigen Aufgaben umzusetzen und können die Spieleinheit mit großer Wahrscheinlichkeit erfolgreich beenden.

In der darauf folgenden Abschlussreflexion wird der gesamte Spiel- und Gruppenprozess hinterfragt und ausgewertet und die Beteiligten können sich über mögliche Erfahrungen und Erkenntnisse im Rahmen der letzten zwei bis drei Stunden verständigen.

Zur Sicherheit sollten auch immer ein bis zwei Ersatzspiele zur Verfügung stehen, falls ein Spiel nicht wie erwartet verlaufen ist, der Zeitrahmen falsch eingeschätzt wurde etc. Dadurch bleibt die Spielleitung flexibel und kann besser auf aktuelle Lern- und Gruppenprozesse eingehen.

Verknüpfung der einzelnen Spiele

Bei der Auswahl und Verknüpfung der verschiedenen Spiele zu einer Spielkette gibt es zwei verschiedene Möglichkeiten:

1. Die thematische Verknüpfung
2. Die spielerische Verknüpfung

1. Die thematische Verknüpfung

Diese Verknüpfung ist thematisch, das heißt, bestimmte Lösungselemente oder Strategien tauchen im nächsten Spiel wieder auf, erarbeitete Lösungsansätze sind in schwierigerer Form im nächsten Spiel integriert. Der Erfolg dieser Art von Verknüpfung ist abhängig von der Wahl des richtigen Themas. Stimmt das durchgängige Lösungselement mit dem aktuellen Thema in der Gruppe überein, kann diese Form der Verknüpfung sehr erfolgreich sein. Die Intensität der Auseinandersetzung wird erhöht und die Teilnehmenden können sich mit den verschiedensten Facetten dieses Themas beschäftigen. Die Spielerinnen und Spieler haben die Möglichkeit, innerhalb einer Spieleinheit verschiedene Ansätze auszuprobieren, und können so Stück für Stück ihre eigene Strategie im Umgang mit dem bestehenden Problem/der bestehenden Fragestellung entwickeln.

Exemplarischer Auszug aus einer Spielkette mit durchgehendem Thema/Problem, mit durchgehender Aufgabenstruktur

Zielrahmen: Führung

Spiele: „Fledermaus und Motte“, „Blind führen“, „Blindflug“

Fledermaus und Motte

Hilfsmittel:
Augenbinden

Ort:
Freie Fläche für einen Kreis: Raum, Wiese am Waldrand

Gruppe:
10–16 Spieler

Ausgangssituation:
Alle Spieler/-innen fassen sich an den Händen und bilden einen großen Kreis. Jeweils zwei Spieler treten in die Mitte des Kreises, wobei einer die Fledermaus und der andere die Motte ist. Da eine Fledermaus bekanntlich besser hören als sehen kann, bekommt sie die Augen verbunden, die Motte bleibt sehend.

Aufgabe:
Die Fledermaus muss versuchen, die Motte mittels Echolot zu fangen. Jedes Mal, wenn die Fledermaus „Piep!“ ruft, muss die Motte mit „Mott!“ antworten. Die restlichen Spieler bilden die Außengrenze des Fangbereichs und achten auf die Sicherheit. Sobald die Motte gefangen wurde, werden zwei andere Spieler zu Fledermaus und Motte.

Dieses Spiel ist ein klassisches Warm-up. Zusätzlich werden die Teilnehmenden spielerisch mit dem Gefühl vertraut, nichts sehen zu können. Viele Menschen sind es nicht gewohnt, auf ihre Sehkraft zu verzichten. Da dies im weiteren Verlauf jedoch eine entscheidende Rolle spielen wird, ist dies eine Möglichkeit, sich daran zu gewöhnen und es ohne Stress auszuprobieren.

Blind führen

Hilfsmittel:
Augenbinden

Ort:
Interessantes abwechslungsreiches Gelände

Gruppe:
2–12 Spieler

Ausgangssituation:
Die Gruppe soll sich in Paaren zusammenfinden. Jedes Paar bekommt eine Augenbinde.

Aufgabe:
Die sehende Person soll die „blinde" Person führen. Dabei kann die Spielleitung entweder ein bestimmtes Gelände vorgeben, in dem sich die Paare selbst einen Weg aussuchen, sie kann aber auch die zu passierende Wegstrecke vorausgehen und die Paare folgen lassen. Die Führung der „Blinden" kann entweder durch Worte oder Berührungen oder durch beiden Möglichkeiten erfolgen.

Reflexion:
Die Paare geben sich untereinander Feedback zu der Art und Weise, wie die führende Person ihrer Verantwortung nachgekommen ist und wie sich der Partner dabei gefühlt hat. Das Feedback kann so gestaltet werden, dass die führende Person die Aufgabe erhält, nur zuzuhören und das Gesagte nicht zu kommentieren. So werden typische Rechtfertigungsmuster von Anfang an vermieden. Nach einer Weile sollte dann jedoch auch ein richtiges Gespräch möglich sein. Mögliche Inputs für die Feedbackrunden könnten sein:

Was war das für ein Gefühl, dem anderen blind zu vertrauen?

Wie hast du die Verantwortung als Führer wahrgenommen?

Ist dir deine Rolle schwergefallen?

Blindflug

Hilfsmittel:
Augenbinden, großes Skizzenblatt (Flipchart)

Ort:
interessantes abwechslungsreiches Gelände

Gruppe:
3–12 Spieler

Ausgangssituation:
Die Gruppe bekommt anhand einer Zeichnung eine bestimmte Strecke von einem Punkt A zu einem Punkt B erklärt. Anschließend stehen ihr noch ein bis zwei Minuten zur Verfügung, sich den Plan einzuprägen. Das Gelände ist der gesamten Gruppe unbekannt. Die Gruppe wird zu Punkt A geführt und allen werden die Augen verbunden.

Aufgabe:
Die gesamte Gruppe muss mit verbundenen Augen von Punkt A nach Punkt B gelangen.

Reflexion:
Die Spielleitung legt entweder mit einem Seil oder Ähnlichem den begangenen Weg nach oder nutzt die Planungsskizze als Vorlage für den Weg, den die Gruppe genommen hat. Nun können die Spieler/-innen mit bereitliegenden Naturmaterialien (Steine, Blüten, Dornen, Blätter etc.) den Weg so gestalten, wie sie diesen wahrgenommen haben. Danach hat jeder die Möglichkeit, den anderen zu erzählen, was die einzelnen Dinge für ihn symbolisieren. Nachdem alle ihre Eindrücke geschildert haben, kann die Leitung einzelne Themen näher beleuchten.

Mögliche Themen können sein:

Wie wirkt sich die Gruppenformation auf die Führung aus?

Woran war zu merken, wer die Führung übernommen hat?

Gab es Unterschiede in der Art und Weise der Führung?

Anmerkung:
Besonders Blindspiele werden von den Teilnehmenden meistens als sehr intensives Erlebnis wahrgenommen. Deshalb sollte direkt nach dem Spiel die Möglichkeit bestehen, sich darüber auszutauschen. Hilfreich ist dabei, noch einmal zum Ausgangspunkt zurückzukehren und dort die Reflexion durchzuführen. So können alle sehen, welchen Weg sie genommen haben, und das Spiel Revue passieren lassen.

Bei der Vorbereitung ist es immer schwierig einzuschätzen, wie schwer oder wie lang die gedachte Strecke ist. Ein Richtwert: Eine Gruppe benötigt für 500 Meter ca. eine Stunde, wobei freie Flächen ohne markante Punkte, wie Parkplätze oder Lichtungen, die Schwierigkeit stark erhöhen.

2. Die spielerische Verknüpfung
Durch eine Rahmengeschichte wird die Realität des Spiels intensiviert, was zu einer gesteigerten Bereitschaft der Teilnehmenden führen kann, sich auf neuartige Situationen einzulassen.

Es macht auf den ersten Blick wenig Sinn, sich über eine halbe Stunde lang abzumühen, nur mithilfe einer Slackline eine bestimmte Fläche zu überqueren, wenn man den Boden betreten kann. Im Rahmen einer Rittergeschichte ist dies möglicherweise anders. Da gehört es dazu, gefährliche Abenteuer zu bestehen. Wer möchte schon in den tödlichen Abgrund fallen, wo es doch heißt, dort würden Drachen hausen ...

Bei der Auswahl der Rahmengeschichte sollte die Spielleitung versuchen, auf die Spielerinnen und Spieler einzugehen, und eine Geschichte aussuchen, die diese als ansprechend und animierend empfinden. Die Schatzsuche ist ein absoluter Klassiker und kann stets einfach in eine übergeordnete Handlung eingebaut werden. Aber es kommt immer wieder vor, dass die Teilnehmenden schon so viele fiktive Schatzsuchen hinter sich haben, dass sie diese nicht mehr als reizvoll erleben. Vielleicht ist es ja auch möglich, dass die Spieler/-innen Computerexperten sind, die versuchen müssen einen weltweiten Computercrash zu verhindern.

Die Handlung selbst kann also ganz unterschiedlich sein. Aber falls man sich für den Einsatz einer Rahmengeschichte entschließt, sind bestimmte Dinge bzw. Details zu beachten.

Schwierig wird es, wenn die Leitung ein Spiel als ein zu überwindendes Hindernis präsentiert, das vom Aufbau so konzipiert ist, dass alle etwas machen müssen, und einer oder mehrere aus der Gruppe scheitern an dieser Aufgabe (z.B. alle Gruppenmitglieder müssen ohne fremde Hilfe über ein Seil balancieren). Für solche Fälle könnte dann schon im Vorfeld ein Joker oder eine spezielle „Rettungsfee" eingeführt werden, die notfalls gerufen werden kann, denn ansonsten befindet sich die Leitung auf einmal in einer prekären Lage. Einerseits hat sie die Rahmengeschichte forciert, um die Gruppe zu motivieren, und andererseits ist die Gruppe nun durch die Vorgabe geteilt worden und es entsteht ein Bruch, sowohl inhaltlich als auch in der Gruppe.

Betrifft das Scheitern die gesamte Gruppe bzw. entsteht es durch ein bestimmtes Handeln der Gruppe, kann dies zum Anlass einer Zwischenauswertung genommen werden. Manchmal ist es auch sinnvoll, das Spiel ganz abzubrechen, um in die Reflexionsphase einzusteigen.

Darüber hinaus kann der Einsatz von Rahmenhandlungen auch die Möglichkeiten der Leitung eingrenzen, auf unerwartete Situationen angemessen zu reagieren. Solche Situationen können beispielsweise entstehen, wenn ein anderes Thema, als dies von der Leitung erwartet wurde, in der Gruppe auftaucht oder die Leitung auf einmal eine interessante Lernchance für die Spielerinnen und Spieler erkennt. In dieser Situation muss die Leitung dann abwägen, inwieweit sie intervenieren kann, ein Time-out macht und für einen befristeten Zeitraum die Spielebene mit der Gruppe verlässt oder das Spiel so weiterlaufen lässt, ohne einzugreifen.

Exemplarische Spielkette mit durchgängiger Rahmengeschichte („Das große Beben“)

Zielrahmen: Kommunikation, Koordination
Spiele: „Einer geht noch!“, „Perpetuum mobile“, „Die Sanduhr“

Sehr geehrte Mitglieder des THW-Rettungsdienstes. Langsam nähern wir uns dem Krisengebiet. Wir befinden uns hier genau auf der Schnittstelle zweier Kontinentalplatten, die ständig in Bewegung sind. Daher kann es immer wieder zu kleineren und größeren Erdbeben kommen. Doch dank unseres Seismografen hier kann ich euch immer rechtzeitig warnen, wann es wieder so weit ist.

Oh Gott, es kommt zu einem Zwischenfall. Mein Seismograf zeigt an, dass uns mehrere mittelschwere Beben kurz hintereinander erwarten. Auf diesen Unterlagen seid ihr halbwegs sicher, die sind extra erdbebengerecht konstruiert. Aber leider nur halbwegs! Jedes einzelne Beben reduziert unseren Vorrat. Deshalb müsst ihr euch in der Zeit zwischen den Beben immer wieder neu überlegen, wie ihr es hinkriegt, dass niemand dem Erdbeben zum Opfer fällt. Damit keiner verloren geht, müsst ihr noch darauf achten, dass ihr alle miteinander verbunden seid und keiner irgendwo allein steht, okay? Ich sag euch dann, wann es so weit ist und ihr in Sicherheit seid. Alles klar?

Einer geht noch!

Hilfsmittel:
Mehrere verschieden große Holzklötze

Ort:
Beliebig

Gruppe:
6–12 Spieler

Ausgangssituation:
Alle Spielerinnen und Spieler stehen vor einem Stapel Holzklötze.

Aufgabe:
Aufgabe der Gruppe ist es, dass alle Spielerinnen und Spieler auf den vorhandenen Holzklötzen Platz haben und keiner den Boden berührt. Dabei müssen alle durch Körperkontakt miteinander verbunden sein.

Nach jedem gelungenen Versuch wird ein Holzklotz entfernt bzw. durch einen kleineren ersetzt.

Variante:
Die Gruppe muss im Vorfeld entscheiden, wie viele und welche Holzklötze sie mindestens benötigt, ohne dies vorher ausprobieren zu können. Ziel ist es, mit so wenigen Holzklötzen wie möglich auszukommen.

Der leitende Krisenstab in Deutschland möchte eine kurze Einschätzung der Lage von euch.

Zwischenreflexion: *„Blitzlicht"*

Alle haben die Möglichkeit, nacheinander etwas zu sagen, der Gruppe etwas mitzuteilen. Wortbeiträge der einzelnen Teilnehmenden sollten, wenn möglich, nicht kommentiert oder diskutiert werden.

Wie war die bisherige Planung der Aktion?

Wurden alle Beiträge der einzelnen Gruppenmitglieder berücksichtigt oder wurde einfach drauflosagiert?

Sind alle zufrieden mit dem Ergebnis der Aktion oder hätte etwas anders laufen können?

So, in der Zwischenzeit haben wir erfreuliche Neuigkeiten erhalten. Einem hochrangigen Team aus Wissenschaftlern ist es gelungen, ein Terranova-Serum zu entwickeln, das in der Lage ist, die Bewegungen der Platten unter uns zu stoppen. Das Problem ist nur, dass es genau in das Zentrum des potenziellen Epizentrums des Riesenbebens geschüttet werden muss. Dieses befindet sich inmitten einer Region mit starker erdmagnetischer Strahlung. Und ihr seid natürlich auserwählt worden, diese heikle Mission zu erfüllen – wenn ihr dazu bereit seid!

Eure erste Aufgabe besteht darin, überhaupt in die Nähe des Epizentrums zu gelangen. Da die Strahlungen das Serum (Dose mit Zucker) zerstören würden, muss es in Körpernähe auf einer Schutzplatte (Holzbrett) dorthin transportiert werden. Die anderen dürfen jedoch weder die Person mit dem Serum noch die Schutzplatte berühren und die Person mit dem Serum darf nicht in direkten Kontakt mit dem Boden kommen. Noch einmal zusammengefasst:
Eine Person befindet sich mit dem Serum auf der Platte und darf den Boden nicht berühren. Die anderen können sich ganz normal auf dem Boden bewegen, dürfen jedoch weder das Serum, noch die Person oder die Schutzplatte berühren, da schon die kleinsten Temperaturschwankungen zu einer verminderten Wirkung des Serums führen könnten. Als Hilfsmittel bekommt ihr noch zwei Sonden (Stöcke) und eine Kiste mit Antigravitationskugeln (Tennisbälle), die jeweils jeder berühren darf. Damit ihr wisst, wo ihr lang müsst, haben wir schon einmal ein Seil gelegt, dem ihr folgen könnt, bis ihr bei dem Epizentrum seid. Ist die Aufgabe klar oder habt ihr noch Fragen?

Perpetuum mobile

Hilfmittel:
1 Brett (ca. 30 x 40 cm), 2 Stöcke, mindestens 6 Tennisbälle, 1 Spielseil

Ort:
Großer Raum oder Wiese, erhöhter Schwierigkeitsgrad durch leicht abschüssiges Gelände

Gruppe:
4–10 Spieler

Ausgangssituation:
Die Gruppe befindet sich mit allen Materialien am Anfang eines am Boden ausgelegten Seils, das die zu absolvierende Wegstrecke kennzeichnet.

Aufgabe:
Die gesamte Gruppe muss gemeinsam den markierten Weg passieren, dbei darf eine Person X den Boden nicht berühren. Die restlichen Mitspieler dürfen den Boden ganz normal berühren, aber weder Person X noch sämtliche Gegenstände, zu denen Person X Kontakt hat.

***Reflexion:** „Fragebogen"*

Die Spielerinnen und Spieler sollen zunächst einzeln anhand eines Fragebogens ein Gruppenprofil erstellen. Danach werden die Einschätzungen zusammengetragen und besprochen. Ziel ist es, dass die Gruppe einen Plan entwickelt, den alle in der nächsten Aktion umzusetzen versuchen.

Fragebogen:

Die Gruppe hat sehr gut zusammengearbeitet!

–5 0 +5

Ich bin mit meiner Beteiligung an der Lösung zufrieden!

–5 0 +5

Ich hätte mich gern mehr in das Gruppengeschehen eingebracht!

–5 0 +5

Die Planungsphase haben wir optimal genutzt, um uns eine Strategie zu überlegen!

–5 0 +5

Wir haben einfach losgelegt, ohne dass alle einen Plan hatten!

–5 0 +5

Die Kommunikation vor und während des Spiels war sehr gut!

–5 0 +5

Ich habe versucht, während des Spiels auf die anderen und ihre Meinungen zu achten!

–5 0 +5

Ihr habt es geschafft, doch jetzt wartet der schwierigste Teil eurer Mission auf euch („Die Sanduhr"): Das Einfüllen des Serums in das Epizentrum (Döschen mit kleinem Küchentrichter). Die markierte Fläche rund um das Zentrum (Fallschirm) darf allerdings keiner betreten. Als Hilfsmittel bekommt ihr jedoch diese speziell angefertigte Schnur (Paketkordel) sowie ein Messer. Aufgrund der Leitungsfähigkeit dieser Schnur müssen alle, die bei der Aktion die Schnur festhalten, einen Augenschutz (Augenbinde) tragen. Die Schnur muss alle 30 Sekunden gewechselt werden, um bleibende Gesundheitsschäden zu vermeiden. Deshalb bekommt ihr auch eine Uhr, für die Einhaltung der Zeitabstände seid ihr selbst zuständig. Eure Mission ist erfüllt, sobald ihr es geschafft habt, das Serum in die Öffnung des Epizentrums zu gießen. Im Namen aller Bewohner dieser Region wünsche ich euch viel Erfolg!

Die Sanduhr

Hilfsmittel:
2 kleine Behälter, evtl. kleiner Küchentrichter, Spielseil oder Fallschirm, Augenbinden, Stoppuhr, Kordel, Messer

Ort:
Großer Raum oder Wiese

Gruppe:
6–12 Spieler

Ausgangssituation:
Die gesamte Gruppe bekommt einen Behälter mit Zucker oder Ähnlichem, Kordel, Stoppuhr, Messer und Augenbinden. Sie befindet sich außerhalb einer markierten Fläche (Spielseil oder Fallschirm), in deren Mitte ein leerer Behälter (evtl. mit Trichter) steht.

Aufgabe:
Die Gruppe muss nun den Inhalt ihres Behälters in den in der Mitte stehenden Behälter umfüllen, ohne die markierte Fläche zu betreten.

Alle Spielerinnen und Spieler, die aktiv an dieser Umfüllaktion beteiligt sind, das heißt mit dem eigenen Behälter in Verbindung stehen, müssen Augenbinden tragen.

Jede Person darf nur eine bestimmte Zeit (30 Sekunden) aktiv an der Umfüllaktion beteiligt sein, dann muss sie an eine andere Person abgeben.

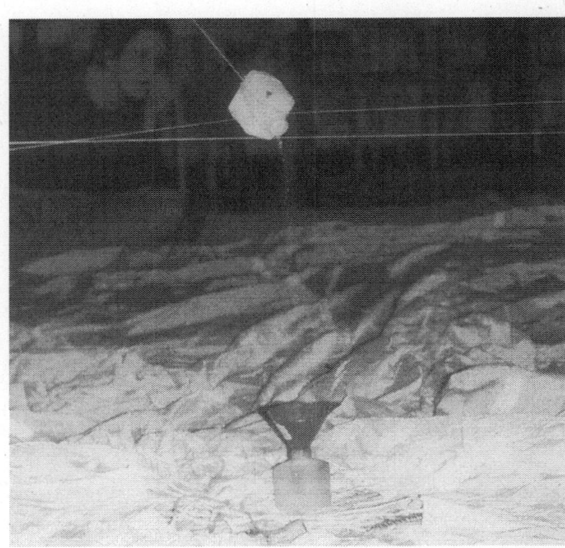

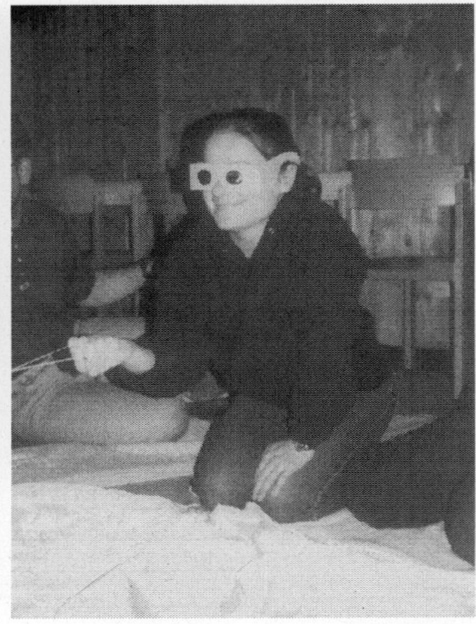

Reflexion: *„Koordinatensystem"*

Die Spielleitung legt mit zwei Seilen ein Koordinatensystem auf der markierten Fläche aus. Die x-Achse ergibt sich aus den Polen „Macher" und „Skeptiker" und die y-Achse bildet das Verhältnis zwischen „Mitzieher" und „Vordenker".

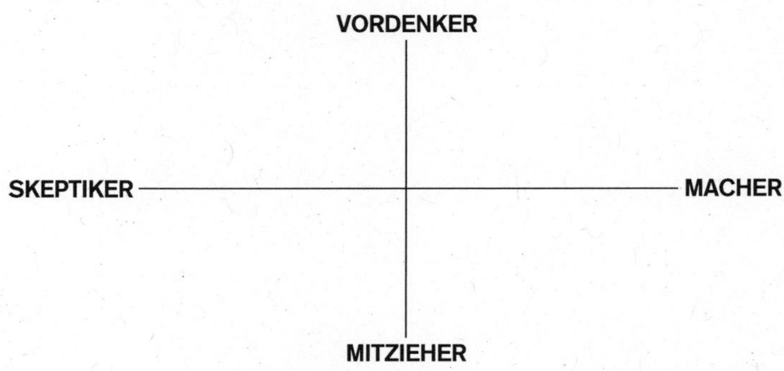

(Vgl. Heckmair 2000, 49)

Alle Beteiligten sollen sich nun innerhalb dieses Systems einordnen und haben die Möglichkeit, den anderen zu erklären, warum.

Mögliche Fragen und Themen, die sich daraus ergeben können, sind:

Wie sehe ich mich innerhalb der Gruppe und wie die anderen?

Wie zufrieden bin ich mit meiner Rolle innerhalb der Gruppe?

Woran lag es, dass ich diese Rolle eingenommen habe?

Ist diese Rollenverteilung optimal für unsere Gruppe?

Wie können wir unsere Zusammenarbeit noch verbessern?

Was hat unser Kommunikationsverhalten mit meiner Rolle zu tun?

Manchmal empfiehlt es sich, mehrere Runden durchzuführen, um zu sehen, wie sich die Rollen innerhalb einer Aktion verschieben können.

Vorsicht Falle!
Die beiden hier beschriebenen Spielsequenzen beinhalten alle Spiele, die in der Praxis schon erprobt und auch in dieser Kombination schon erfolgreich eingesetzt wurden. Dennoch soll hier nicht der Eindruck erweckt werden, dass diese Spielketten nun immer einwandfrei funktionieren. Wie schon erwähnt, ist jede Gruppe immer ein ganz neues einzigartiges Gebilde, auf das die einzelnen Spiele angepasst werden müssen. Es kann durchaus passieren, dass sich in der Gruppe auf einmal ein ganz neues Thema bzw. Bedürfnis herauskristallisiert, auf das die Spielleitung nun eingehen muss. Die Rahmengeschichte, die erfunden wurde, um die Gruppe zu motivieren, wird von den Teilnehmenden als albern und kindisch erlebt. Es stellt sich heraus, dass die Gruppe bei den Blindspielen so sehr damit beschäftigt ist, blind zu sein, dass die Aufgabenstellung der aktuellen Gefühlslage der Spielerinnen und Spieler nicht gerecht werden kann …

Die hier beschriebenen Reflexionsmethoden und die vorgeschlagenen Fragen sollen lediglich Anhaltspunkte bieten, in welche Richtung eine Auswertung laufen könnte. Es ist auf jeden Fall sinnvoll, sich darüber im Vorfeld Gedanken zu machen, da jeder Spielleiter eine bestimmte Intention verfolgt (und auch verfolgen sollte), warum er dieses Spiel zu diesem Zeitpunkt mit dieser Gruppe spielt. Aber das darf nicht dazu führen, dass die Spielleitung dadurch nicht mehr flexibel ist und den Bedürfnissen und Wünschen der Teilnehmenden entsprechend handeln und reagieren kann. Auch hier gilt das Motto: Am besten ist ein guter Plan, den man im Bedarfsfall verwerfen kann!

Die Anpassung der einzelnen Spiele an die Gruppe

Spielideen gibt es jede Menge, das Wichtigste ist jedoch, diese nicht einfach zu übernehmen, sondern jedes Spiel zu überdenken und an die spezielle Gruppe anzupassen.

Unser Team hatte für eine Gruppe von 12- bis 14-Jährigen das Spiel „Polarexpedition“ vorbereitet. Alle Spielerinnen und Spieler stehen verteilt auf der Spielfläche in ihrem Rettungsboot (Stuhl, Pappe o.Ä.) und müssen die rettende Eisscholle in der Mitte des Spielfelds erreichen, da die Boote langsam zu sinken drohen. Es ist jedoch nicht möglich, ein Boot zu bewegen, solange sich eine Person auf diesem befindet. Um diese Aufgabe lösbar zu machen, sind im Vorfeld einige Stühle so platziert, dass es möglich ist, von einem Stuhl zum anderen zu hüpfen und den frei gewordenen Stuhl nach vorn zu bewegen. Nach der Präsentation der Aufgabe begannen die Spielerinnen und Spieler mit der Lösung. Doch irgendwie fehlte dem Spiel der Pep und einige warteten etwas gelangweilt und distanziert darauf, von den anderen abgeholt zu werden. Einer aus unserem Leitungsteam führte spontan die Regel ein, dass jeder Stuhl, der nicht von mindestens einem Spielenden berührt wird und den er bekommen kann, aus dem Spiel genommen wird. Auf einmal bekam das Spiel Tempo, die Spielerinnen und Spieler waren wieder bei

der Sache, mussten sich besser absprechen und hatten Spaß. Im Nachhinein habe ich diese Regel übernommen und mithilfe des vegetarischen Haifischs eingeführt, der mit Vorliebe morsche Boote frisst, aber jegliche Art von Fleisch verabscheut.

Auch Gilsdorf und Kistner weisen auf diesen Punkt hin und schreiben: „Spiele sollten nicht als fertige und unveränderliche Gebilde angesehen werden, sondern vielmehr als Anstöße und Anregungen für die eigene kreative Aus- und Weitergestaltung“ (Gilsdorf/Kistner 1995, 26). Um Spiele sinnvoll zu verändern und anzupassen, ist es wichtig zu wissen, nach welchem Prinzip diese aufgebaut sind:

Der Aufbau einzelner Abenteuerspiele

Von einigen wenigen Ausnahmen abgesehen, sind alle Abenteuerspiele nach dem gleichen Muster aufgebaut, das aus folgenden aufeinander aufbauenden Elementen besteht:

Aufgabenstellung

Zunächst wird eine Aufgabe formuliert, die sich an die ganze Gruppe richtet und nur gelöst werden kann, wenn alle Gruppenmitglieder zusammenarbeiten und sich gegenseitig helfen. Von ihrer Grundstruktur her lassen sich (fast) alle Aufgaben einer der folgenden Spielkategorien zuordnen:

- Die Gruppe muss von A nach B.
- Die Gruppe muss ein Hindernis überwinden.
- Die Gruppe muss etwas bergen.
- Die Gruppe muss etwas transportieren.
- Die Gruppe muss etwas konstruieren.
- Die Gruppe muss etwas einsammeln.
- Die Gruppe muss sich neu strukturieren.

Anhand dieser Spielkategorien lassen sich für alle Gruppen und Ziele geeignete Aufgaben auswählen. Wenn einzelne Spielerinnen und Spieler ihre Schwierigkeiten mit zu engem Körperkontakt haben oder aufgrund ihres Körperbaus nicht in der Lage sind, ein Hindernis zu überwinden, kann die Spielleitung dies berücksichtigen, indem sie bewusst Aufgaben wählt, bei denen die Körperlichkeit der Teilnehmenden nur eine geringe Rolle spielt, z.B. „Die Gruppe muss etwas konstruieren bzw. transportieren“ oder je nach Spielvariante „Die Gruppe muss von A nach B“.

Wenn die Spielleitung den Schwerpunkt auf die Themenbereiche Koordination und Planung legen möchte, bieten sich Aufgaben an, bei denen die Gruppe etwas bergen oder konstruieren muss. Aufgaben wie „Von A nach B“ oder „Hindernis überwinden“ führen oft zu Themen wie Kooperation oder Helfen und sich helfen lassen.

Einschränkung/Handicaps

Wie schon erwähnt, sollte das Niveau so anspruchsvoll wie möglich sein, in einem Bereich, in dem ein Erfolgserlebnis wahrscheinlich bleibt. Der Schwierigkeitsgrad einer Aufgabe lässt sich am einfachsten durch Einschränkungen in einem oder mehreren der folgenden Bereiche variieren:

- Einschränkung der Bewegung: Die Gruppe oder einzelne Personen können sich nicht frei, sondern nur unter Auflagen bewegen.
- Einschränkung der Wahrnehmung: Die Gruppe oder einzelne Personen können nichts mehr sehen.
- Einschränkung der Kommunikation: Die Spielerinnen und Spieler dürfen nur nonverbal oder unter bestimmten Bedingungen miteinander kommunizieren.
- Einschränkung der Interaktion: Die Spielerinnen und Spieler werden räumlich getrennt oder dürfen sich nicht gegenseitig berühren.
- Einschränkung der örtlichen Gegebenheiten: Die Gruppe darf bestimmte Flächen nicht betreten oder berühren.
- Einschränkung der Zeit: Die Gruppe bekommt zur Lösung einer Aufgabe ein bestimmtes Zeitkontingent, das mehr oder weniger knapp bemessen ist.

Durch die Wahl der Einschränkungen kann die Schwierigkeit einer Aufgabe künstlich erhöht bzw. gesenkt und damit an das Niveau der jeweiligen Gruppe angepasst werden.

Bei der Kombination von mehreren Handicaps ist es wichtig, dass die Spielerinnen und Spieler trotz Einschränkungen die Chance haben, die Aufgabe zu lösen und ein Erfolg im Bereich des Möglichen bleibt.

Beim „Mausefallen-Parcours“ werden mehrere Einschränkungen miteinander kombiniert. Einzelne Personen aus der Gruppe sollen blind eine Strecke zurücklegen und werden dabei von den anderen Gruppenmitgliedern gelotst. Diese Lotsen dürfen nicht sprechen, die Blinden nicht berühren und sich selbst nicht von ihrem Platz bewegen. Die so entstandene Herausforderung ist äußerst komplex und kann nur gelöst werden, wenn die Gruppe sich intensiv beraten und präzise Absprachen zur Kommunikation verabreden kann.

Eine Begrenzung der Planungszeit durch die Spielleitung würde dies zusätzlich erschweren und könnte bedeuten, dass die Gruppe nur deswegen scheitert, weil sie zu Beginn zu wenig Zeit hatte, sich auf die Aufgabe einzustellen.

Darüber hinaus sollten alle Spielerinnen und Spieler trotz Einschränkungen in der Lage sein, sich jederzeit ins Spielgeschehen einzubringen, und die Möglichkeit haben, konstruktiv zur Lösung beizutragen. Wenn einzelne Teilnehmende zu viele Handicaps bekommen, führt dies zwar zu einer Erhöhung des allgemeinen Schwierigkeitsgrades, aber das Lernpotenzial der betroffenen Spielerinnen und Spieler reduziert sich rein auf den Umgang mit der eigenen Frustrationstoleranz.

Bei dem Abenteuerspiel „Drunter und drüber" müssen die Teilnehmenden mehrere Schnüre passieren, die in 30 bis 120 Zentimeter Höhe über einen Weg gespannt sind. Vor dem Spiel kann jeder für sich überlegen, ob er über alle Schnüre drüber oder drunter möchte. Die getroffene Entscheidung gilt für alle Schnüre und kann nicht verändert werden.

Die Spielleitung erhöht den Schwierigkeitsgrad von „Drunter und drüber", indem sie die Einschränkung einführt, dass die ganze Gruppe den Parcours schweigend durchqueren muss. Zusätzlich gilt die Regel, dass jede Person, die eine der Schnüre berührt, für den Rest der Aufgabe blind wird.

Durch die Kombination der beiden Einschränkungen „stumm" und „blind" haben die blinden Gruppenmitglieder kaum eine Möglichkeit mehr, zur Lösung der Gruppe beizutragen, und die Mitspielenden haben wenig Optionen, diesen zu helfen bzw. sie aktiv an der weiteren Durchführung zu beteiligen. Wenn einzelne Spielerinnen und Spieler sich also allein oder hilflos fühlen, liegt dies nicht mehr nur allein an der Art und Weise, wie die Gruppe sich verhalten hat, sondern auch an der Aufgabenstellung und damit in der Verantwortung der Spielleitung.

Konsequenz/Umgang mit Regelverstößen

Alle Einschränkungen und Regeln einer Aufgabe müssen zusätzlich mit Konsequenzen kombiniert werden, die festlegen, was passiert, wenn die Gruppe oder einzelne Personen sich nicht an diese Regeln halten oder diese versehentlich brechen. Durch diesen Zusatz bekommt die Einhaltung dieser Spielregeln für die Teilnehmenden eine höhere Bedeutung und sie werden eher motiviert sein, sich an die bestehenden Regeln zu halten – auch wenn dies eine erhebliche Einschränkung bedeutet und die Lösung einer Aufgabe deutlich erschwert.

Um den Eindruck der Willkür zu vermeiden, ist es wichtig, der Gruppe alle möglichen Konsequenzen zu Beginn eines Spiels mitzuteilen. Dies ermöglicht der Gruppe, sich Strategien zu überlegen, und erleichtert es den Spielenden, diese Konsequenzen während des Spielverlaufs zu akzeptieren. Mögliche Konsequenzen auf einen Regelbruch sind z.B.:

- Die gesamte Gruppe muss wieder von vorn beginnen.
- Einzelne Personen müssen wieder von vorn beginnen.
- Ab einer bestimmten Anzahl von Regelbrüchen müssen alle Beteiligten wieder von vorn beginnen.
- Die gesamte Gruppe bekommt ein zusätzliches Handicap.
- Einzelne Personen bekommen ein zusätzliches Handicap.
- Ab einer bestimmten Anzahl von Regelbrüchen bekommen alle Beteiligten ein zusätzliches Handicap.
- Vorhandene Ressourcen (Zeit, Material) werden verringert.
- Die vorhandenen Einschränkungen werden erweitert.
- Pro Regelverstoß gibt es einen Punktabzug bzw. einen Minuspunkt für die Gruppe.

Die verschiedenen Möglichkeiten haben ganz unterschiedliche Auswirkungen auf das Spielgeschehen und sind abhängig von Rahmen und Zielsetzung des jeweiligen Abenteuerspiels. Ist es für einen möglichen Lerneffekt wichtig, dass die Gruppe es schafft, die gesamte Aufgabe ohne Regelverstoß zu lösen, kann es sinnvoll sein, diese jedes Mal von vorn beginnen zu lassen, sobald eine der vorhandenen Regeln gebrochen wurde. Dies bedeutet aber auch, dass die Spielenden frustriert sein können, falls sie zum wiederholten Mal scheitern, und dass die Lösung der Aufgabe einige Zeit in Anspruch nehmen kann. Steht dagegen der Spaß der Teilnehmenden im Vordergrund bietet sich als Konsequenz entweder die Sanktionierung einzelner Personen oder das Zählen von Minuspunkten an. Der Zusatz von Handicaps oder die Reduzierung von Ressourcen erhöht den Schwierigkeitsgrad einer Aufgabe und eignet sich gut, um die Qualität der Interaktionen zu beeinflussen. Die Spielerinnen und Spieler werden dazu angeregt, sich besser zu konzentrieren bzw. sorgfältiger oder effektiver zusammenzuarbeiten.

Hilfsmittel

Zur Lösung einer Aufgabe bekommt die Gruppe dann meist noch verschiedene Hilfsmittel zur Verfügung gestellt:

- Material (Seile, Teppichfliesen, Kordel etc.)
- Ausnahmeregelungen (eine Person darf sehen, mehrere Spielende dürfen den Boden berühren, Joker etc.)
- Informationen (Wegbeschreibung, Hinweise zur Lösung)

Diese Hilfsmittel haben insbesondere Einfluss auf das Erscheinungsbild eines Spiels. Durch den gezielten Einsatz attraktiver Materialien kann z.B. eine auf den ersten Blick unscheinbare Aufgabe deutlich an Attraktivität gewinnen und von den Spielenden als besonders auffordernd erlebt werden.

Exkurs: Spiele „aus dem Ärmel schütteln"

Anhand der vier wesentlichen Merkmale eines Abenteuerspiels – Aufgabe, Einschränkung, Hilfsmittel, Konsequenzen auf Regelverstöße und eventuell als fünftes Merkmal die Einbettung der Aufgabe in eine Spielgeschichte – ist es mit etwas Fantasie und Geschick auch möglich, Kooperationsspiele oder Abenteueraktionen „aus dem Ärmel zu schütteln".

Tagtäglich gehen wir von einem Punkt zum anderen, überwinden dabei Hindernisse (auch eine Tür oder Treppe kann schon eine Barriere darstellen) oder konstruieren etwas. Es fällt uns nur nicht auf bzw. nicht schwer, weil es recht einfach geht und wir nicht eingeschränkt sind. Und das ist der Punkt. Durch eine einfache Einschränkung können alltägliche Dinge plötzlich zu einer kniffligen Geschichte werden, die man nur mit der Unterstützung der ganzen Gruppe lösen kann.

Ein Zelt aufzubauen ist nicht schwierig, aber was ist, wenn ich in meiner Wahrnehmung eingeschränkt bin und z.B. nichts mehr sehe?

In einer Gruppe haben wir mal abends gekocht. Um die Sache ein bisschen peppiger zu gestalten, haben wir zwei Kleingruppen gebildet, die jeweils für die andere ein Kochspiel entwickeln sollte. Das Ergebnis sah folgendermaßen aus: Drei Personen kochten das Hauptgericht, während sie durch eine Kordel in einer der hinteren Gürtelschlaufen miteinander verbunden waren und die Hände zusammengebunden hatten. Die andere Kleingruppe, bestand aus zwei Personen. Eine konnte nichts sehen, die andere hatte ihre Hände in den Hosentaschen. Auf diese Weise bereiteten die beiden Personen die Suppe zu, inklusive sie zu würzen.

Zum Auftakt eines Seminars hatte ich die Treppe zum Seminarraum mit Mehl bestreut. Als die Gruppe dann kam, erzählte ich ihr, dass die Treppe gerade verputzt wird und ich vom Hausmeister nur unter der Bedingung die Erlaubnis zur Benutzung bekommen habe, dass jede Stufe maximal zweimal berührt wird. Gar nicht so einfach bei einer Gruppe von zwölf Personen.

All dies sind Beispiele, wie alltägliche Übungen durch eine spielerische Einschränkung zu einem klassischen Kooperativen Abenteuerspiel werden können.

Das Verändern von Spielen

Ein Klassiker unter den kooperativen Abenteuerspielen ist sicherlich „Das Spinnennetz". Viele kennen es und haben es schon einmal gespielt. Doch gerade deshalb neigen viele Spielleiter dazu, es nicht mehr einzusetzen, da durchaus die Möglichkeit besteht, dass einer der Teilnehmenden mit dem berühmt-berüchtigten Spruch kommt: „Das kenn ich schon!" Diese Tatsache ist schade, denn ein Spiel wie das Spinnennetz ist reich an Variationsmöglichkeiten und bietet unheimlich viele Erlebnischancen. Wichtig ist nur, es dementsprechend umzugestalten und nach den Bedürfnissen der Spielerinnen und Spieler auszurichten.

Material
Eine Möglichkeit der Umgestaltung ergibt sich durch den Einsatz von zusätzlichen Spielmaterialien. Beim „Spinnennetz" kann das so aussehen, dass jede Spielerin und jeder Spieler während der Durchquerung einen Schutzgeist in Form eines Stofftieres dabei haben muss, der immer weitergereicht werden muss. Aber Spielmaterialien können auch eingesetzt werden, um bestimmte Themen in der Gruppe zu fokussieren. In den meisten Gruppen herrscht ein relativ hoher Gruppendruck, der es den einzelnen Spielerinnen und Spielern schwer macht, während eines Spiels die Vorgehensweise der Gruppe zu thematisieren. Um den Teilnehmenden für einen solchen Einwand Raum und Möglichkeit zu geben, kann ein weiteres Spielmaterial sehr förderlich sein:

Bei dem Spiel „Spinnennetz" wird vorher mit den Spielerinnen und Spielern vereinbart, dass sie selbst für die Einhaltung der Regeln verantwortlich sind. Es kommt aber häufig vor, dass Spielerinnen und Spieler es nicht wagen, Regelverstöße wie z.B. das Berühren der Seile anzusprechen.

Um diese Hemmschwelle abzubauen, kann der Spielleiter die Teilnehmenden auffordern, bei einem Regelverstoß auf einen bereitstehenden Gong zu schlagen. Somit wird schon im Vorfeld geklärt, wie sich die einzelnen Spielerinnen und Spieler in einem solchen Fall verhalten können, und die Bereitschaft dieses Angebot anzunehmen wird größer, da die Spielerinnen und Spieler sich nicht verbal äußern müssen, sondern ihren Unmut durch ein vorhandenes Medium kundtun können.

Ort/Räumlichkeiten
Auch der Ort des Spiels kann zu einer völligen Umgestaltung und Veränderung des Spielverlaufs führen:

„Das Spinnennetz“ wird nicht, wie sonst häufig der Fall, an einem ruhigen abgelegenen Ort in der Natur oder im Garten durchgeführt, sondern mitten auf dem Marktplatz in der Innenstadt. Zur Gewährung der Sicherheit dienen mitgenommene Matten. Das Spiel ist ein völlig anderes durch den Einbezug der Öffentlichkeit. Vielleicht kommt es auch soweit, dass Zuschauer in das Spielgeschehen integriert werden …

Zeit/Zeitpunkt
Durch den Zeitpunkt oder bestimmte Zeitvorgaben wird auch das Spiel letztendlich verändert bzw. der Schwierigkeitsgrad variiert:

Eine Gruppe bekommt „Das Spinnennetz“ präsentiert, mit der Auflage, dass sie insgesamt nur 25 Minuten zur Lösung dieses Problems zur Verfügung hat. Es entsteht eine völlig andere Vorgehensweise und es steht nicht mehr die Qualität der Lösung oder der Spielspaß im Mittelpunkt, sondern die Konzentration bezieht sich auf die Effektivität der Gruppe: Entscheidungen müssen viel schneller auf den Punkt und zur Ausführung gebracht werden.

Gruppeneinteilung
„Das Spinnennetz“ muss nicht zwangsläufig in der Gesamtgruppe gespielt werden. Es können sich auch Kleingruppen bilden oder die Teilnehmenden bekommen die Aufgabe, das Netz paarweise zu überwinden:

„Das Spinnennetz“ wird einen ganz anderen Spielverlauf nehmen, führt man anstelle der Regel – jede Person durch eine unterschiedliche Öffnung zu heben – die Variante ein, dass sich jeweils mehrere Personen auf eine Öffnung einigen sollen. Es bedarf einer ganz neuen Diskussion innerhalb der Gruppe, in der die einzelnen Spielerinnen und Spieler Kompromisse schließen müssen, es muss geklärt werden, welche Personen zusammen sich eine Öffnung aussuchen etc.

Spielstruktur

Die Struktur ist eines der wesentlichsten Elemente eines Spiels. Denn die Struktur entscheidet, ob es sich um ein Spiel mit oder ohne Sieger handelt, die Teilnehmenden miteinander oder gegeneinander spielen. Die Struktur gibt auch vor, inwieweit das Spiel für sich steht oder mit anderen Spielen verbunden ist:

Die Struktur des Spieles ist beim „Spinnennetz" eigentlich klar. Es gibt eine Gruppe und die Aufgabe ist es, alle durch das Netz zu manövrieren. Aber „Das Spinnennetz" könnte auch in einen anderen Spielkontext eingebettet werden, bei dem das Erreichen bestimmter Punktzahlen von der Benutzung bestimmter Öffnungen abhängt: Schafft es die Gruppe, so oft wie möglich eine der höheren Öffnungen zu durchqueren, erhält sie mehr Punkte als wenn sie die einfacheren in der Mitte oder unten benutzt.

Bewegungsablauf

Ein Spiel kann dadurch variiert werden, dass sich die Spielerinnen und Spieler nur noch auf bestimmte Weise bewegen dürfen. Der Schwierigkeitsgrad wird verändert, aber auch der Spielspaß:

Jede Person, die durch „Das Spinnennetz" gehoben wird, darf sich in dieser Zeit nicht bewegen, sondern muss stocksteif bleiben. Durch eine solche Spielveränderung wird der Fokus besonders auf den Vertrauensaspekt gelegt, da die Spielerinnen und Spieler völlig auf die Hilfestellung der anderen angewiesen sind.

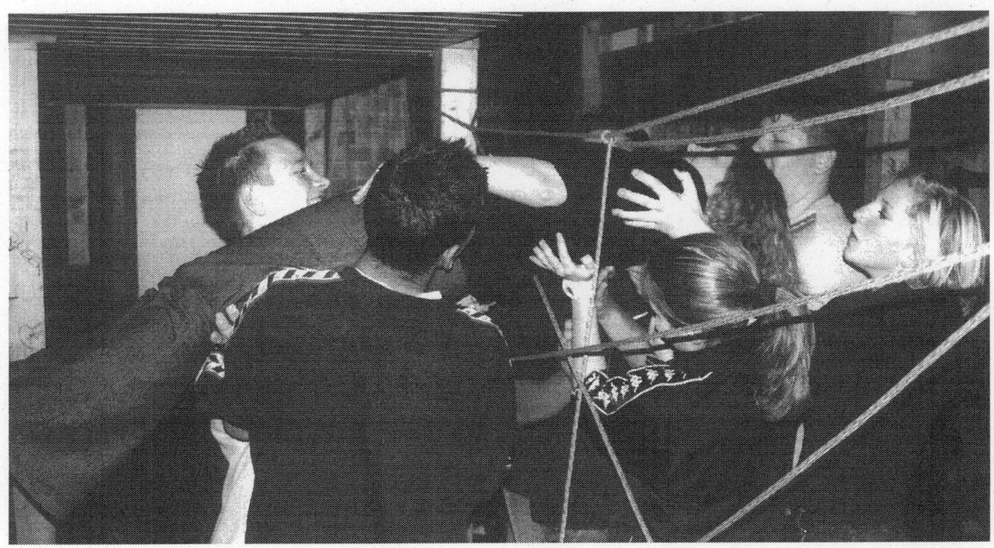

Begrenzungen
Die Spielfeldbegrenzung verändert den Spielverlauf erheblich. Besonders bei Fangspielen ist die richtige Spielfeldgröße von entscheidender Bedeutung, da das Spiel bei einer sehr kleinen Fläche sowie bei einem sehr großen Spielfeld zu schwierig oder zu langweilig wird. Es kommt zu Frustration, Hektik bzw. die Sicherheit der Spieler kann gefährdet sein. Aber auch die anderen Spiele werden durch Begrenzungen beeinflusst:

Beim „Spinnennetz" ist die Größe der Öffnungen von entscheidender Bedeutung. Handelt es sich um riesige Löcher, die jeder ohne fremde Hilfe durchqueren kann, ist der Schwierigkeitsgrad dementsprechend gering. Ziel ist es, das Netz so zu konstruieren, dass die Aufgabe für die spezifische Gruppe zu schaffen ist, sie aber vor gewisse Probleme stellt.

Fantasie
Durch eine fantasievolle Rahmengeschichte kann der Reiz, sich auf das Spiel einzulassen, enorm gesteigert werden. Eine neue Welt kann entstehen, die von der Realität wegführt und das Hineinschlüpfen in neue Rollen ermöglicht. Doch Fantasie kann sich auch negativ auswirken, wenn die Teilnehmenden zu sehr in die Spielwelt involviert sind. Der Spielspaß kann in eine ernste Situation umschlagen, es kommt zu Konflikten und emotionalen Ausbrüchen:

„Das Spinnennetz" wird plötzlich zu einem letzten Hindernis, um zu einem Schatz zu gelangen, der in der Höhle dahinter versteckt ist. Aber sobald das Netz auch nur einmal berührt wird, erscheint die schreckliche Bestie, die die Hütte bewacht und beginnt die Gruppe langsam einzuwickeln – bei jeder Berührung werden einem Spieler Arme oder Beine zusammengebunden.

Rolle der Spielerinnen und Spieler
Durch eine Veränderung bzw. Vielfalt der Rollen der Spielerinnen und Spieler können die Spielspannung und der Spaß erweitert werden. Es können aber auch ganz neue Themen aufgegriffen und in den Spielverlauf einbezogen werden:

Beim „Spinnennetz" kommt es manchmal vor, dass zwei oder drei Personen alle anderen durch das Netz heben und danach selbst hindurchsteigen, während die anderen sich relativ passiv verhalten. Um das zu verhindern, könnte man bewusst verschiedene Rollen in das Spiel einführen. Zum Beispiel muss immer eine Person darauf achten, dass die Seile nicht berührt werden, andere sind für die Reihenfolge zuständig, wieder andere sind dafür verantwortlich, welches Loch wann drankommt, und andere haben die Aufgabe, die Personen durchzuheben. Durch diese Variation wird zwar die Notwendigkeit veringert, sich als Gruppe einigen zu müssen, da nun bestimmte Personen die Entscheidungen treffen, aber dafür sind alle Spielerinnen und Spieler gefordert und müssen sich vor der Gruppe verantworten. Der Spielverlauf würde sich verändern. Es können auch alle höchstens dreimal am Hebeprozess beteiligt sein und jeder muss mindestens einmal.

Anregung zum Erfinden von Spielen

Was tun, wenn man einfach kein Spiel findet, das richtig zu der Gruppe oder in den Kontext passt? Wie schon vorhergehend erläutert, basieren viele Spiele auf einfachen Schemata, die immer wieder angewendet werden. Diese können mit etwas Kreativität und Erfahrung gemischt als Grundlage zur Entwicklung von neuen Spielen dienen.

Zunächst gibt es natürlich die Rahmenbedingungen: Ort, Zeitpunkt und Material. Genauso wichtig wie die entsprechenden Örtlichkeiten, ist es wichtig zu klären, welche Materialien zur Verfügung stehen und wann das Spiel gespielt werden soll. Die eigentliche Entscheidung, welche Materialien letztendlich eingesetzt werden, erfolgt allerdings erst später. Ort und Zeit werden dagegen ganz zu Anfang geklärt, da diese meistens festgelegt und nicht veränderbar sind.

Räumlichkeiten/Ort	**Zeitpunkt**	**Material**
Wald	Tag	Augenbinden
Wiese	Abend	Bälle
See	Nach	(Softbälle, Tennisbälle, Wasserball)
Bach	...	Tennisschläger
Spielplatz		Luftballons
Straße		Gymnastikreifen
Haus	**Zeit**	Eimer
		Plastikrohre
	5-10 Minuten	Schreibmaterial
	10-30 Minuten	Witzige Spielutensilien
	45 Minuten	(Gummihuhn, Quietscheenten etc.)
	<gleich	Bretter und Balken
	1 Stdunde	Stabile Kisten
		Kletterutensilien
		(Seile, Gurte, Karabiner und Schlingen)
		Verkleidungskiste
		Dekorationsmaterial
		Decken und Tücher

Innerhalb dieses Spielraums soll die zu planende Aktion stattfinden. Im nächsten Schritt geht es darum, sich über die Art des Spiels und dessen Grundprinzip Gedanken zu machen.

Kennenlernspiele

Sich selbst oder andere vorstellen
Personen/Gegenstände aufrufen
Personen/Gegenstände aufzählen
Personen/Gegenstände erfragen

Übungen zur Sensibilisierung (Wahrnehmungsspiele)

Wahrnehmungen schärfen
Körperkontakt herstellen
Sich und anderen etwas Gutes tun

Einfache Kooperationsaufgaben

Raum begrenzen
Bewegung realisieren
Plätze tauschen
Anordnungen herstellen
Orte wechseln
Hindernisse bewältigen

Warm-ups

Gegenstände fangen
Gegenstände werfen
Gegenstände weitergeben
Fangen und nachlaufen
Personen weitergeben
Bestimmte Bewegungsabläufe machen

Vertrauensbildende Aktivitäten

Führen und geführt werden
Halten und auffangen

Komplexe Initiativ- und Problemlösungspiele (Abenteuerspiele)

Objekte suchen
Objekte fangen
Objekte transportieren
Strukturen konstruieren
Kontakt herstellen
Informationen sammeln und verarbeiten
Sachverhalte und Einschätzungen präsentieren
Einschätzungen vornehmen

Ressourcen verhandeln

(Vgl. Gilsdorf/Kistner 1995, 26; Gilsdorf/Kistner 2000)

Aus den Rahmenbedingungen und den Vorstellungen über die Art des Spiels sowie der Auswahl des wesentlichen Merkmals entsteht eine erste Spielidee. Diese wesentlichen Merkmale oder Spielideen werden durch die unterschiedlichsten weiteren Vorgaben und Erwartungen zu einem ersten Gerüst. In dieser Phase ist es nun wichtig, sich über bestimmte formgebende Merkmale des Spieles klar zu werden. Hierzu gehört die Gruppenaufteilung, die Spielstruktur, die Rollenverteilung und die Schwierigkeit/das Problem.

Gruppenaufteilung	Spielstruktur	Rollenverteilung	Problem/Schwierigkeit
Die gesamte Gruppe Kleingruppen Ein oder mehrere Spieler gegen den Rest der Gruppe Paare Einzeln	Lösen einer gemeinsamen Aufgabe Lösen von verschiedenen Teilaufgaben in Kleingruppen Spiel mit Sieger und Verlierer Stationslauf	Alle sind gleich beteiligt Führer und Gruppe Spieler und Beobachter Aktive und Inaktive	(Siehe „Der Schwierigkeitsgrad“)

Was nun folgt, sind die Detailfragen, die aus dem entstandenen Vorbau ein fertiges Spiel machen. Richtungweisend sind vor allem die Formation, die Bewegung, die Spielfeldmarkierungen und wiederum das Material. Die Reihenfolge bei dieser Auswahl ist immer situations- und spielabhängig. Während bei einem Fangspiel natürlich die Bewegung eine zentrale Rolle einnimmt, ist bei einem Kennenlernspiel wahrscheinlich die Formation entscheidender.

Formation	Bewegung	Spielfeldmarkierungen	Material
Sitzkreis	Laufen	Begrenztes Spielfeld	Augenbinden
Halbkreis	Hüpfen	Verschiedene Spielflächen	Bälle (Softbälle, Tennisbälle, Wasserball)
Reihe/Schlange	Gehen	Freie Spielfläche	Tennisschläger
Verschiedene Reihen	Kriechen	Enger Raum	Luftballons
Bewegliche Aufstellung	Sitzen	Weite Wiese	Gymnastikreifen
Unbewegliche Aufstellung	Liegen	…	Eimer
Keine Vorgaben	Stehen		Plastikrohre
	Keine Bewegung		(Siehe Materialliste)
	Keine Vorgaben		

Nachdem auch diese Dinge feststehen, besteht meistens schon eine ziemlich klare Vorstellung über das eigentliche Spiel und dessen Verlauf. Nun beginnt die „Feineinstellung“, denn oft ist noch nicht alles bedacht worden und das Spiel stellt sich als nur halb so spannend wie vermutet dar. Diese Phase gleicht dem Punkt „Verändern von Spielen“, da die eigentliche Spielidee schon existiert, diese aber noch an die Zielgruppe angepasst werden muss. Typische Variationsmöglichkeiten ergeben sich zum Beispiel aus der Zeit bzw. dem Tempo und etwaigen Handicaps.

Diese Vorgehensweise wirkt zunächst sehr schematisch. Meist verläuft der Prozess des Spielerfindens viel dynamischer und unvorhersehbarer. Für gewöhnlich bedingt eine Entscheidung die nächste oder durch die Wahl eines bestimmten Bausteins werden andere wieder hinfällig und müssen der neuen Spielidee angepasst werden. Beim Spieleerfinden bieten sich unzählige Spielmöglichkeiten und Variationsformen. Aber oft weiß man anfangs gar nicht, wie man beginnen soll, und da bietet dieses Schema einen ersten Anhaltspunkt und gibt Hilfen, welche Dinge zu berücksichtigen sind. Ab einem gewissen Punkt sollte sich dann jedoch eine gewisse Eigendynamik einstellen, die Idee selbst „laufen lernen“. Ansonsten empfiehlt es sich, eher noch einmal neu zu starten, da es schwierig ist, die zündende Idee zu bekommen, wenn man schon zu lange krampfhaft überlegt hat.

Wie diese Vorgehensweise praktisch aussieht, wird im Folgenden exemplarisch aufgezeigt: Um ein neues Spiel zu erfinden, muss man sich zunächst darüber im Klaren sein, was Ziel oder Sinn des Spiels sein soll, um eine geeignete Spielform auswählen und die Struktur des Spiels bestimmen zu können. Der weitere Schritt ist die Festlegung auf Zeitpunkt und Ort. Durch diese Rahmenbedingungen entstehen bereits erste Einschränkungen. Innerhalb dieser ist nun zu überlegen, welche wesentlichen Merkmale das Spiel beinhalten soll. Diese Entscheidungen bilden das Gerüst des neuen Spiels.

Beispiel: Es soll sich um ein Kooperationsspiel handeln und die gesamte Gruppe muss an der Lösung der Aufgabe beteiligt sein. Des Weiteren soll das Spiel auf einer Wiese bzw. im Garten tagsüber stattfinden. Wesentliches Merkmal des Spiels ist, dass ein Objekt von A nach B transportiert wird.

Jetzt gilt es, dieses Gerüst mit Leben zu füllen, aus den Vorgaben ein Spiel zu formen. Dabei kann es ganz unterschiedliche Herangehensweisen geben. Die einen können sich gut durch Materialien inspirieren lassen, andere setzen bei den Vorgaben zu den Bewegungsabläufen an oder versuchen über die Formation eine zündende Idee zu haben.

Ansatzpunkt könnte in diesem Fall das zu transportierende Objekt sein, z.B. ein kleiner Ball.

Die gesamte Gruppe bekommt also die Aufgaben, auf einer Wiese einen kleinen Ball von A nach B zu transportieren, und es soll sich um ein Kooperationsspiel handeln.

Was jetzt noch fehlt, ist natürlich das Problem bzw. der Schwierigkeitsgrad. Es ist denkbar einfach, einen Ball von A nach B zu tragen oder zu werfen. Ein Problem kann sich daraus ergeben, dass keine Person den Ball berühren darf, weder mit den Händen oder Füßen noch auf irgendeine andere Art und Weise. Damit wäre der Schwierigkeitsgrad wiederum zu hoch, da es außer der Telekinese keine weitere Möglichkeit gibt, es sei denn, die Gruppe bekommt zusätzlich noch Spielmaterialien, um den Ball auf irgendeine Weise zu befördern. Man könnte dann allen Beteiligten einen Plastiktennisschläger in die Hand geben und den Zusatz einführen, dass der Ball weder eine Person noch den Boden berühren darf.

Das Spiel sieht bisher also so aus: Die Gruppe hat auf einer Wiese die Aufgabe, einen kleinen Ball von A nach B zu transportieren, wobei der Ball nicht berührt werden und nicht auf den Boden fallen darf. Als Hilfsmittel bekommt jeder einen Plastiktennisschläger.

Die Grundidee des neuen Spiels steht so weit. Will man zusätzlich den Kooperationsgedanken integrieren, erteilt man den Spielerinnen und Spielern folgende Anweisung: Jeder Tennisschläger darf erst erneut benutzt werden, wenn alle anderen nach ihm den Ball gespielt haben. Davon ausgenommen ist die Person, die das Spiel beginnt. Ein weiteres Problem könnte sein, dass die Spielerinnen und Spieler einfach auf die Idee kommen, den Ball direkt mit einem Schlag von A nach B zu „transportieren“, was natürlich nicht möglich ist, wenn es sich bei B um eine kleine Schüssel handelt, die von A aus nicht ein zusehen ist. Der Spielwitz

könnte sich durch etliche weiteren Vorgaben ergeben. Zum Beispiel dadurch, dass die zur Verfügung stehende Zeit begrenzt ist oder immer mehrere Spieler zusammengebunden sind. Der Schwierigkeitsgrad könnte auch dadurch gesteigert werden, dass nicht alle Spielerinnen und Spieler einen Tennisschläger haben, sondern diese immer wechseln müssen. Während der Aktion dürfen die Spielerinnen und Spieler nicht miteinander reden, sondern nur die Silbe „Bla“ benutzen, um miteinander zu kommunizieren. Das Ganze natürlich deshalb, weil sich die Gruppe im Blubberland befindet, um einen verloren gegangenen Blubb wieder zurück in sein Nest zu bringen, ohne ihn zu berühren, da er sonst nicht mehr von seiner Mutter angenommen wird. Das Spiel sieht dann wie folgt aus:

Ihr befindet euch auf einer wichtigen Mission im Blubberland. Um dem König zu gefallen und seine Gunst zu erwirken, müsst ihr viele gute Taten vollbringen. Zu eurem Glück liegt hier ein kleiner Blubb, der aus seinem Nest gerollt ist und nicht mehr zurückkann. Das ist eure Chance! Eure Aufgabe besteht nun darin, diesen Blubb wieder zu seiner Mutter in das Nest zu bringen. Damit diese ihn aber wieder annimmt, dürft ihr ihn nicht berühren. Dass er nicht auf den Boden fallen darf, weil er dadurch große Verletzungen davontragen könnte, versteht sich von selbst. Als Hilfsmittel bekommt ihr fünf Blubberschläger. Eine Person darf einen der Schläger aber erst erneut benutzen, wenn vor ihr alle anderen Beteiligten an der Reihe waren. Um den kleinen Blubb nicht zu ängstigen, dürft ihr bei der Aktion nur flüstern und nur die Silbe „Bla“ verwenden, um mit den anderen zu kommunizieren. Habt ihr die Aufgabe verstanden oder sind noch Fragen offen?

Oft ist der Anfang einer Spielerfindung zäh und mühselig, aber auf einmal platzt der Knoten und die Ideen und Verfeinerungen ergeben sich von selbst. Daher ist es schwer, ein Schema zu präsentieren, nach dem jedes Mal ein tolles neues Spiel entsteht. Vielmehr zeigen sich in der Praxis noch nicht bedachte Probleme und das Spielgeschehen entwickelt sich völlig anders als geplant. Aber auch wenn es nicht möglich ist, ein Spiel vollständig im Vorfeld zu planen, ist es wichtig, sich als Leitung die verschiedensten Möglichkeiten im Spielverlauf vorzustellen und in die Planung mit einzubeziehen.

Eine der wichtigsten Fragen ist oft, welche Sanktion folgen soll, wenn eine Regel nicht eingehalten wird oder die Gruppe die Aufgabe nicht erfüllt. In dem oben beschriebenen Beispiel wäre zu bedenken, ob die Gruppe wieder von vorn anfangen darf, wenn der Blubb den Boden berührt hat, denn eigentlich wäre die Aktion dann zu Ende. Entscheidet man sich für eine Rahmengeschichte, sollte sie von Anfang bis Ende stimmig bleiben, damit die ganze Spielaktion keinen Bruch erleidet. Unstimmigkeiten in der Rahmengeschichte können von den Spielerinnen und Spielern unter Umständen als störend empfunden werden und sie dazu veranlassen, das Spiel zu boykottieren. Für solche Fälle könnte die Gruppe instruiert werden, einen vorher vereinbarten Zauberspruch zu rufen, der das Geschehene rückgängig macht und einen Neubeginn ermöglicht.

Wenn es passiert, dass der Blubb auf den Boden fällt oder ihr ihn berührt, bekommt ihr eine Chance, die ihr auf der Erde nicht hättet. Dadurch, dass ihr ganz laut Blubberland ruft und wieder von vorn beginnt, könnt ihr das bis dahin Geschehene rückgängig machen.

Es gibt eine Fülle solcher Möglichkeiten, um aus dem Nichts ein Spiel herzuzaubern. Und wenn es nicht klappt oder zu langweilig ist, kann man vielleicht durch die anderen formgebenden Merkmale noch etwas verändern. Der Versuch lohnt sich!!!

Wenn sich der Rahmen bietet, sollte der Spielerfinder das Spiel unbedingt im Vorfeld einmal testen. Vielleicht gibt es im Freundeskreis ein paar Enthusiasten, die gern bereit sind, sich auf ein neues Spiel einzulassen. Dadurch ist es möglich, erste Erfahrungen mit dem Spiel zu sammeln, es zeigt sich, auf welche Dinge die Spielleitung zu achten hat, welche Regeln unsinnig sind usw. Oft ist es so, dass man für ein Spiel eine bestimmte Lösung im Kopf hat und nun versucht, die Regeln dementsprechend zu gestalten. Aber das Faszinierende an diesen Spielen ist, dass es meistens noch ganz andere Lösungen gibt und sich die Gruppen auf verschiedenste Art verhalten und auf das Spiel reagieren können.

Im Rahmen einer Aktion hatten Günter Kistner und ich ein Spiel entwickelt, bei dem die Gruppe auf einer Wiese ein Tischfeuerwerk anzünden sollte. Dieses befand sich mittig in einem Kreis von etwa fünf Meter Durchmesser, der nicht betreten werden durfte. Als Hilfsmittel bekamen die Spielerinnen und Spieler ein Feuerzeug, eine Fackel und Kordel. Das Spiel verlief ganz gut, aber nicht alle waren an der Problemlösung beteiligt. Auf einem anderen Wochenende wollte ich eine ähnliche Aktion mit Freunden durchführen. Da es jedoch zu windig war, beschloss ich, das Spiel zu variieren und anstelle des Feuerwerks ein Teelicht in einem winddichten Glas in die Mitte des Kreises zu stellen und der Gruppe einen kleinen Behälter und einen Liter Wasser zu der Kordel zu geben, mit der Aufgabe, damit die Kerze zu löschen. Das Ergebnis war, dass die Spielerinnen und Spieler das Wasser nahmen, zielten und es quer über der Tabuzone ausschütteten und damit auch das Teelicht auslöschten. Die Aufgabe war in weniger als fünf Minuten gelöst. Damit war klar, dass Wasser völlig ungeeignet, aber auch das Feuer nicht optimal für dieses Spiel geeignet war. Bei einem dritten Versuch stellte ich einen kleinen leeren Behälter mit einem Küchentrichter in die Mitte und gab der Gruppe den gleichen Behälter mit Zucker gefüllt. Aufgabe war es nun, diesen in das leere Döschen in der Mitte eines am Boden liegenden Fallschirms zu schütten, ohne den Fallschirm zu berühren. Um die Aufgabe noch zu erschweren, sollten alle an der Aktion unmittelbar Beteiligten eine Schutzbrille tragen, durch die sie de facto nichts sehen konnten. Da bei den anderen Spielversuchen immer nur ein Teil der Gruppe aktiv an der Problemlösung beteiligt war, führte ich bei dieser Variante die Regel ein, dass die Spielerinnen und Spieler alle 30 Sekunden ihre Positionen wechseln mussten. Das Spiel war ein voller Erfolg, die Gruppe war gefordert und alle wurden an der Lösung beteiligt. So entstand „Die Sanduhr".

Abschließend noch einige Grundregeln, die beim Erfinden von Spielen wichtig sind:

- Damit ein Spiel nicht langweilig und einseitig wird, ist es wichtig, die Machtpotenziale auszubalancieren. Alle Spielerinnen und Spieler sollten aktiv beteiligt und gefordert sein.
- Bei Aufgabenstellungen, insbesondere bei Bewegungsabläufen und Körperkontakt, sollte die Spielleitung darauf achten, ob bzw. inwieweit dies den Spielerinnen und Spielern angenehm ist.
- Alle Spielerinnen und Spieler sollten die Möglichkeit haben, frei über ihre Teilnahme zu entscheiden und gegebenenfalls auch während des Spielverlaufs der Gruppe signalisieren können, dass etwas nicht in Ordnung ist.

Die Vorbereitung

Hat die Spielleitung alle wichtigen Informationen gesammelt, eine Spielauswahl getroffen, die Spiele an die Gruppe angepasst und aventuell eine Rahmengeschichte entwickelt, gilt es, die so entstandene Spieleinheit in die Tat umzusetzen. Die Spiele sollten so weit wie möglich vorbereitet werden, um einen reibungslosen Ablauf zu ermöglichen. Dadurch kann sich die Spielleitung später ganz auf das aktuelle Spielgeschehen konzentrieren und wird nicht dadurch abgelenkt, dass das nächste Spiel arrangiert werden muss.

Zu dieser Vorbereitung zählt auch die Organisation der Materialien. Benötigte Utensilien sollten bereitgestellt und einsatzbereit gemacht werden. Speziell bei technischen Geräten empfiehlt sich ein Testversuch, um etwaige Zwischenfälle zu vermeiden. Des Weiteren fällt in diese Phase die Gestaltung des Spielorts. Wie schon erläutert, kann dieser enormen Einfluss auf den Spielverlauf haben. Prinzipiell sollte der Ort so gestaltet werden, dass sich die Spielerinnen und Spieler wohl fühlen und deren Sicherheit gewährleistet ist.

Nachdem dies geschehen ist, bietet es sich an, die ganze Einheit im Geiste noch einmal durchzugehen. Habe ich an alles gedacht? Bin ich auf etwaige Zwischenfälle eingestellt? Was mache ich, wenn …? Falls die Spielleitung aus mehreren Personen besteht, sollten diese die Aktion aufeinander abstimmen: Haben alle die Spiele gleich verstanden? Gibt es noch unterschiedliche Auffassungen? Wer ist für was zuständig? Eine gute Abstimmung im Vorfeld kann die spätere Durchführung erheblich erleichtern und vereinfachen.

Die Planungsphase

Die Spielleitung als Dramaturgen

- Informationen über die Gruppe sammeln (Alter, Gruppengröße, Zusammensetzung, Themen, Handicaps etc.)
- Besichtigung der Örtlichkeiten, des bereitstehenden Materials
- Zeitkontingent klären
- Eigene Ziele/Erwartungen festlegen und mögliche Ziele die Teilnehmer/-innen bedenken/erfragen
- Auswahl einer passenden Spielidee bzw. von mehreren Spielen
- Eventuell Anpassung der Spiele an die Rahmenbedingungen
- Spiele als Rohmaterial verstehen und hemmungslos verändern und variieren
- Umgang mit Regelverstößen planen
- Anpassung des Schwierigkeitsgrades an das Niveau der Gruppe
- Niveau so anspruchsvoll wie möglich halten, in einem Bereich, in dem ein Erfolgserlebnis wahrscheinlich bleibt
- Verknüpfung der einzelnen Spiele zu einem Ganzen
- Entwickeln einer angemessenen Präsentation
- Auseinandersetzung mit möglichen Einflussfaktoren der Rahmenbedingungen: Ort, Zeit und Material
- Schaffen eines möglichst animierenden, motivierenden Settings
- Atmosphäre, die sich vom Alltagsgeschehen abhebt
- Entwicklung und Vorbereitung von Alternativen
- Vorbereitung der Spielsequenz und eventuell Absprache im Leitungsteam (Rollenverteilung)

Exkurs Sicherheit

Exkurs Sicherheit

In den letzten Jahren wurden die Sicherheitsstandards für erlebnispädagogische Aktionen immer wieder thematisiert und verbessert. Während dies bei den klassischen Arbeitsfeldern wie Klettern, Seilaktionen usw. schon lange fester Bestandteil fachlicher Diskussionen ist, besteht diesbezüglich bei kooperativen Abenteuerspielen noch ein großer Nachholbedarf. Nur langsam entwickeln sich Vorschläge und Anregungen, um auch für dieses Medium ein hohes Maß an Sicherheit gewährleisten zu können. Immer wieder kommt es besonders bei diesen „unspektakulären" Aktionen zu Unfällen, die zwar in den seltensten Fällen schwerwiegend, aber oft genug schmerzhaft und teilweise auch unnötig sind. An dieser Stelle möchte ich auf einige dieser Sicherheitsvorschläge etwas näher eingehen und anhand der bekanntesten Spiele erläutern.

„Die Mauer" ist ein unheimlich gutes Kooperationsspiel, das besonders durch seine Einfachheit besticht – die ganze Gruppe muss über ein gespanntes Seil, ohne es zu berühren. Aber speziell dieses Spiel ist eines der gefährlichsten, da es immer wieder zu Verstauchungen, Bänderverletzungen etc. kommen kann, wenn die einzelnen Spielerinnen und Spieler über das Seil gehoben werden. Ein Spiel, das „in seiner Urform nicht verletzungsfrei durchgeführt werden kann" (Siebert/Gatt 1998, 27). Gründe dafür sind meistens die Seilhöhe bzw. die bereitgestellten Hilfsmittel sowie ein fehlendes Sicherheitskonzept.

In vielen Büchern wird eine Seilhöhe von eineinhalb Metern vorgeschlagen, die die Spielerinnen und Spieler mithilfe eines Balkens überqueren sollen. Diese Aufgabenstellung an sich beinhaltet schon ein gewisses Gefahrenpotenzial, da sie zur Konsequenz hat, dass jede Person in dieser Höhe auf einem nicht fixierten Balken von der Gruppe gehalten werden muss. Dazu kommt die Anspannung während des Spiels, die leicht zu unbedachtem Aktionismus führen kann.

Konsequenz daraus ist, dass viele Spielleiter dieses Spiel nicht mehr berücksichtigen, was bedauerlich ist. Denn die Spielidee selbst ist faszinierend einfach und lässt sich zudem fast überall einsetzen. Alternativ zu einem Verzicht auf „Die Mauer" ist eine Veränderung der Rahmenbedingungen. Das Seil muss nicht notwendigerweise in Schulterhöhe der Teilnehmenden gespannt sein. Für die Aufgabenstellung reicht es völlig aus, wenn es sich in Hüfthöhe befindet, gerade sohoch, dass keiner mehr einzeln drübersteigen kann. Zusätzlich sollte ein absolutes Sprungverbot bestehen, das heißt, die Spielerinnen und Spieler dürfen nicht ohne fremde Hilfe über das Seil gelangen. Bei dieser Variante fällt auch der Balken weg.

Falls die Spielleitung eine solche Aufgabe als zu leicht empfindet, kann für eine mögliche Variante noch der Regelzusatz gelten, dass sich alle Beteiligten während des Spiels immer an den Händen halten sollen.

Bei dem Spiel „Das Spinnennetz" ergibt sich ein Gefahrenmoment immer dann, wenn die einzelnen Spielerinnen und Spieler durch die verschiedenen Seilöffnungen gereicht werden. Agiert die Gruppe nicht vorsichtig genug und lässt die betreffende Person fallen, kann es im ungünstigsten Fall dazu kommen, dass diese mit dem Hals in dem Seil hängen bleibt. Um bei solchen Fällen Verletzungen zu vermeiden, bietet es sich an, anstelle von normalen Seilen Schnüre zu verwenden, die sich bei Belastung dehnen (Gummischnur oder Litze). Dadurch kann es nicht zu schmerzhaften Aufprallen kommen und der Sturz wird durch die nachgebende Schnur noch gedämpft.

Viele fest installierte Netze sind so konstruiert, dass die Seile in einem Rahmen, bestehend aus vier miteinander befestigten Balken, verspannt sind. Der untere Balken stellt ein ganz klares Sicherheitsrisiko dar, da die Spielerinnen und Spieler bei einem Fall unter Umständen auf diesen aufprallen. Da dieser Balken nicht unbedingt vonnöten ist, um ein Spinnennetz zu konstruieren, sollte er auf jeden Fall entfernt bzw. auf ihn von Anfang an verzichtet werden.

Bei dem Spiel „Nebel von Avalon" kommt es immer wieder zu Schürfwunden an den Waden und Beinen, wenn die Spielerinnen und Spieler versuchen, sich an dem von der Gruppe gespannten Seil entlangzuhangeln und dabei abrutschen. Eine Möglichkeit, diese Stürze zu vermeiden, ist der Gebrauch eines Klettergurts. So gesichert kann sich die hangelnde Person voll auf die Bewegung konzentrieren und muss dabei nicht mehr ihr gesamtes Körpergewicht halten. Dadurch sind auch weniger sportlich geübte Spieler in der Lage, diese Aufgabe zu übernehmen.

Wie schon in dem Kapitel „Einflussfaktoren" zum Thema „Ort" erwähnt, ist ein weiterer wichtiger Punkt die Bodenbeschaffenheit. Bei allen Spielen, in denen Personen getragen, hochgehoben oder transportiert werden, sollte der Untergrund möglichst weich sein (Wiese, Sand, Rindenmulch, Moos etc.): Es dürfen keine harten oder spitzen Gegenstände wie Steine oder Wurzeln aus dem Boden ragen.

Generell lassen sich folgende Leitsätze für die Arbeit mit kooperativen Abenteuerspielen formulieren:

1. *Die Aufgaben sollten so beschaffen sein, dass die Spielerinnen und Spieler ein subjektives Risiko wahrnehmen, die tatsächliche Gefährdung aber so gering wie möglich ist!*

   Bei Spielaktionen dieser Art kann es trotz gewissenhafter Sicherheitsvorkehrungen immer wieder zu Unfällen kommen. Die Spielleitung sollte für sich jedoch stets eine Risikoabwägung vornehmen: In welchem Verhältnis steht der zu erwartende Nutzen bzw. Lerneffekt zu dem Risiko, das durch die Aktion besteht? Inwieweit ist die Aufgabenstellung adäquat oder kann eine weniger riskante Variante nicht den gleichen Effekt erzielen (siehe „Die Mauer")?

2. *Die Spielleitung sollte immer von dem ungünstigsten Fall ausgehen, um das Sicherheitsrisiko so weit wie möglich zu minimieren!*

   Meistens passieren immer genau solche Unfälle, mit denen wirklich keiner gerechnet hat (siehe „Das Spinnennetz").

3. *Die Spiele sollten so konzipiert sein, dass auch Menschen mit weniger körperlichen Fähigkeiten die Aufgabe bewältigen können, ohne dabei eine Verletzungsgefahr zu riskieren!*

   Besonders kooperative Abenteuerspiele bieten die Möglichkeit, erlebnispädagogische Aktionen durchzuführen, ohne sportliches Können vorauszusetzen. Deshalb sollte dieser Vorteil auch genutzt werden (siehe „Nebel von Avalon").

4. *Die Teilnahme sollte immer auf Freiwilligkeit basieren, es gilt das Challenge-by-Choice-by-Prinzip!*

   Neben der physischen Gefährdung darf auch eine mögliche psychische Verletzung nicht unterschätzt werden. Selbst die erfolgreiche Meisterung einer Aufgabe kann bei einem entsprechenden Angstpotenzial negative Auswirkungen haben!

5. *Im Zweifelsfall hat die Sicherheit der Teilnehmenden immer Vorrang vor anderen pädagogischen Überlegungen!*

   Während der Aktion sollte sich die Spielleitung immer in der Nähe der Gefahrenpunkte aufhalten, um notfalls Hilfestellung zu geben. Dadurch wird zwar der Handlungsspielraum der Gruppe eingeschränkt, aber das ist immer noch besser als ein Bänderriss oder eine schmerzhafte Prellung einer Spielerin bzw. eines Spielers!

6. *Für jede Aktion sollte ein Sicherheitskonzept existieren (Art der Hilfestellung, erlaubtes und verbotenes Verhalten usw.)!*

   Neben der Lösung des präsentierten Problems sollte die Gruppe auch immer die Aufgabe bekommen, ein Sicherheitskonzept zu planen, mit dem alle Teilnehmenden einverstanden sind. Solange einige die geplante Aktion noch als zu riskant ansehen, kann die Gruppe nicht anfangen.

7. *Die Spielleitung sollte nur solche Aktionen durchführen, für die sie die entsprechende Qualifikation bzw. Kompetenz besitzt!*

   Die meisten kooperativen Abenteuerspiele erfordern kein spezielles Fachwissen über sicherheitstechnische Dinge. Aber es gibt eine Reihe von Spielen, die den Gebrauch von Kanus, Fahrrädern oder Klettermaterialien vorsehen. In solchen Fällen muss die Spielleitung mit deren Handhabung vertraut sein und den höchstmöglichen Sicherheitsstandard gewährleisten können.

8. *Die Spielleitung sollte immer in der Lage sein, reagieren zu können, falls ein Unfall passiert!*

   Hierzu gehören ausreichendes Wissen über entsprechende Soforthilfemaßnahmen, der Erste-Hilfe-Koffer vor Ort sowie die Möglichkeit, professionelle Hilfe anfordern zu können (Telefon in der Nähe, Handy, Anfahrtsmöglichkeiten für Rettungswagen).

9. *Eine ständige Überprüfung der eigenen Sicherheitsmaßnahmen!*

   Unfälle und Zwischenfälle sollten, wenn sie denn passiert sind, immer zum Anlass genommen werden, die eigenen Vorkehrungen zu reflektieren und zu verbessern. Nur durch eine solche Aufarbeitung können immer wiederkehrende Fehler beseitigt werden.

Die Präsentationsphase

Die Präsentationsphase

„Wie man in den Wald ruft, so schallt es heraus.“
(Deutsche Volksweisheit)

Für ein Gruppenleitungswochenende hatte sich die Spielleitung ein neues Abenteuerspiel ausgesucht: „Wasser marsch!“ Bei diesem Spiel muss die Gruppe eine bestimmte Menge Wasser von einem Eimer in einen anderen befördern und dabei eine Distanz von 10 bis 15 Meter überbrücken. Als Hilfsmittel stehen den Spielenden lediglich ein Gefäß zum Schütten und mehrere Bögen Papier zur Verfügung.

Diese Aufgabe erschien bestens geeignet, da der Bau einer Pipeline die Kommunikation und die Koordination innerhalb der Gruppe fördern würde und alle Gruppenmitglieder gleichermaßen an der Lösung der Aufgabe beteiligt sein könnten.

Nachdem die Spielleitung der Gruppe die Aufgabe übergeben hatte, falteten mehrere Spielerinnen und Spieler kleinere Behälter aus ihren Papierbögen, füllten diese mit Wasser und liefen von einem Eimer zum anderen. Das Wasser war innerhalb von Minuten in dem anderen Eimer und die Hälfte der Gruppe stand unbeteiligt daneben.

Die Spielleitung hatte in der Präsentation nicht erwähnt, dass die Spielerinnen und Spieler sich nur bewegen dürfen, solange sie keinerlei Kontakt (auch keinen indirekten über das Papier) zu dem Wasser haben. Nachdem sie nachträglich diese Regel aufstellte und den vorangegangenen Versuch für ungültig erklärte, zeigten sich einige Gruppenmitglieder unzufrieden und hatten den Eindruck, die Spielleitung gönne der Gruppe ihren Erfolg nicht.

Im weiteren Verlauf des Spiels kam es deshalb immer wieder zu bissigen Bemerkungen in Richtung Spielleitung. Als diese die Gruppe nach mehreren Regelverstößen zusätzlich aufforderte, wieder von vorn zu beginnen, entwickelte sich ein Gefühl des Gegeneinanders zwischen Gruppe und Spielleitung, sodass der eigentliche Sinn dieser Aufgabe mehr und mehr in den Hintergrund geriet.

Anhand dieses Beispiels wird deutlich, welchen enormen Einfluss die Präsentationsphase auf das Spielgeschehen nimmt. Schon kleinere Fehler oder eine unbedachte Bemerkung seitens der Spielleitung können dazu führen, dass eine Aufgabe einen völlig anderen Verlauf nimmt oder das Verhältnis zwischen Spielleitung und Gruppe negativ beeinträchtigt wird. Aus diesem Grund ist die Präsentationsphase im Rahmen einer Spieleinheit von besonderer Bedeutung. Alle Überlegungen, Planungen und Vorbereitungen im Vorfeld fließen in diesen Moment mit ein und es gilt, die Gruppe möglichst positiv und umfassend auf die anstehende Aufgabe einzustimmen. Die Präsentation eines kooperativen Abenteuerspiels umfasst dabei zwei Aspekte: Instruktion und Animation.

Im Folgenden werden diese beiden Punkte näher erläutert, die Partizipationsmöglichkeiten der Teilnehmenden beschrieben und auf die Unterschiede in der Anleitung von Spaß- und Abenteuerspielen eingegangen. Darauf aufbauend werden verschiedene Lernansätze und deren spezifische Präsentationsformen vorgestellt und allgemeine Hinweise zur Moderation gegeben.

Instruktion

Im Mittelpunkt der Präsentation eines Abenteuerspiels steht das Ziel, die anstehende Aufgabe an die Gruppe zu übergeben, das heißt, die Teilnehmenden müssen in die Lage versetzt werden, sich im Anschluss an die Präsentation vollkommen eigenständig und möglichst ohne weitere Interventionen durch die Spielleitung mit der Aufgabe auseinanderzusetzen. „Sind die Instruktionen einmal abgeschlossen bzw. vom Gruppenleiter als ausreichend erachtet worden, sollten keine weiteren Erklärungen gegeben werden, um nicht wichtige Experimente und damit Selbsterfahrungen der Teilnehmer zu unterbinden" (Reiners 1999, 60).

Um zu gewährleisten, dass eine Gruppe auch in der Lage ist, selbstständig eine Aufgabe zu lösen, muss die Präsentation folgende Punkte beinhalten:

- Aufgabenstellung: Was ist das Ziel der Aufgabe?
- Einschränkungen: Was ist das Problem bei der Aufgabe?
- Hilfsmittel: Was steht der Gruppe zur Lösung der Aufgabe zur Verfügung?
- Regeln: Was ist erlaubt und was nicht?
- Konsequenzen: Was passiert, wenn die Gruppe oder einer der Teilnehmenden gegen eine Regel verstößt?
- Spielende: Wann hat die Gruppe die Aufgabe erfolgreich gelöst?

Bei der Erklärung dieser Punkte sollte sich die Spielleitung vergewissern, dass alle Spielerinnen und Spieler diese verstanden haben und zum Abschluss der Präsentation explizit nachfragen, ob es noch Verständnisfragen zu dieser Aufgabe gibt.

Bei besonders komplexen Regeln kann es notwendig sein, bestimmte Bewegungsabläufe vorzuführen. Generell gilt bei der Instruktion aber der Vorsatz: So viel wie nötig und so wenig wie möglich! Denn neben dem Ermüdungseffekt und der nachlassenden Konzentration, die durch zu lange Instruktionen erfolgen können, leben die meisten der kooperativen Abenteuerspiele von ihrer Offenheit und der Vielfalt an Möglichkeiten. Es gibt meist nicht nur eine richtige Lösung für eine Aufgabe, sondern jede Gruppe findet ihre Lösung. Um dies zu gewährleisten, dürfen etwaige Lösungen nicht bereits durch die Instruktion vorweggenommen oder nahegelegt werden. Inwieweit die Spielleitung diesen Vorsatz beherzigt, hängt aber auch von der Gruppe, dem Schwierigkeitsgrad und der Dauer der Spielsequenz ab.

Im Anschluss an die Instruktion wird das Spiel an die Gruppe übergeben und die Spielleitung zieht sich aus dem Spielgeschehen zurück. Eventuell ist es angebracht, die Gruppe explizit zu fragen, ob sie bereit ist, die Aufgabenstellung anzunehmen. Dazu kann vorab ein Zeichen vereinbart werden, das signalisiert, dass das Spiel beginnt und Gruppe und Aufgabe nun im Mittelpunkt des Geschehens stehen. Manchmal kann es auch angebracht sein, zusätzliche Beobachtungsrollen zu schaffen. Zum einen, weil vielleicht nicht alle Teilnehmenden bereit oder in der Lage sind mitzuspielen, und zum anderen, um die Reflexionsphase durch mehrere unterschiedliche Beobachtungen zu bereichern.

Partizipation von Spielerinnen und Spielern

Bei der Vorstellung der Regeln ist es durchaus möglich, diese mit der Gruppe abzusprechen und zur Diskussion zu stellen. Dies hat den Vorteil, dass die Spielleitung der Gruppe das Gefühl vermittelt, mitbestimmen zu können. Dadurch wird die Bereitschaft der Teilnehmenden gefördert, sich auf die Aufgabe einzulassen und die vertrauensvolle Atmosphäre zwischen Spielleitung und Gruppe wird gestärkt.

Natürlich ist nicht jede Regel eines Spiels geeignet, diese mit den Teilnehmenden auszudiskutieren, aber es gibt viele Vorgaben, bei denen die Spielerinnen und Spieler aktiv in die Ausgestaltung einer Regel miteinbezogen werden können.

Die Spielleitung hat eine Aufgabe geplant, bei der die Spielerinnen und Spieler nicht miteinander sprechen dürfen. Eine Verständigung per Signal ist jedoch möglich. Die Teilnehmenden können vorab überlegen, in welcher Form sie miteinander kommunizieren möchten (z.B. per Käuzchenruf, Buckelwalgesang, Piepsen, Klatschen usw.).

Genauso verhält es sich mit Regelüberschreitungen. Häufig sind die Teilnehmenden es allerdings nicht gewohnt, solche Entscheidungen selbst zu treffen und fühlen sich überfordert. In diesem Fall bietet sich an, der Gruppe verschiedene Alternativen bei einem Regelverstoß vorzuschlagen. Die Gruppe muss nur noch entscheiden und sich nicht selbst etwas ausdenken. Alternativen für den Umgang mit einem Regelverstoß können z.B. sein:

- Bei einem Regelverstoß muss die gesamte Gruppe von vorn anfangen.
- Alle direkt am Verstoß Beteiligten müssen neu anfangen.
- Mehrere Personen bekommen die Augen verbunden.
- ...

Das Gleiche gilt für den Schwierigkeitsgrad einer Aufgabe. Auch dieser kann mit der Gruppe verhandelt werden. Bei bestimmten Spielen kann dieser Prozess nach jedem Spieldurchlauf wiederholt werden. Immer wenn die Gruppe die Aufgabe geschafft hat, lädt die Spielleitung sie ein, die gleiche Aufgabe unter erschwerten Bedingungen zu wiederholen. Dieser Vorgang kann so oft wiederholt werden, bis die Gruppe mit ihrer Leistung zufrieden ist und keine Möglichkeit mehr sieht, den Schwierigkeitsgrad zu steigern. Sobald dies geschieht, kann das Spiel beendet werden.

Ein gutes Beispiel ist „Einer geht noch!“: Die Gruppe bekommt verschiedene Holzklötze und hat die Aufgabe, sich so auf die Klötzchen zu verteilen, dass mehrere Sekunden lang niemand den Boden berührt. Nach jedem Versuch kann die Spielleitung anbieten, einen Holzklotz zu entfernen und so die Aufgabe schwieriger zu machen. Dies wird so lange wiederholt, bis die Gruppe keine Steigerungsmöglichkeit mehr sieht.

Neben der Vermittlung von Zielen, Regeln und Grenzen, die für jede Gruppe unterschiedlich sind und mit dieser verhandelt werden können, gehört zu der Instruktion auch die Vermittlung von Sicherheitsaspekten. Diese können kein Bestandteil von Verhandlungen sein, sondern sind festgelegt, und die Spielleitung hat darauf zu achten, dass alle notwendigen Aspekte erläutert und verstanden worden sind.

Anleitung von Spaßspielen

Für die Vermittlung von Spielen, bei denen Spaß neben anderen Zielen einen übergeordneten Stellenwert einnimmt, ist ein anderes Schema relevant, das die einzelnen Schritte der Präsentation darstellt:

Erkläre: *Beschreibung des Spiels, Erklärung der Regeln.*

Mach es vor: *Eine kurze Demonstration ist meistens viel effektiver als eine lange Erklärung, durch das Vormachen klären sich viele Fragen von selbst.*

Frag nach: *Oft kommt es vor, dass die Spielerinnen und Spieler noch nicht alles verstanden haben, sich aber nicht trauen nachzufragen. Deshalb vor Beginn noch einmal Fragen zum Spiel stellen, sich vergewissern, dass die Grundzüge verstanden worden sind.*

Fang an: *Selbst wenn noch nicht alle Fragen geklärt sind, meistens verstehen die Teilnehmenden das Spiel am besten, indem man einfach zu spielen anfängt. Wenn es dann immer noch zu Fragen kommt, kann das Spiel unterbrochen werden.*

Pass es an: *Die Spielleitung sollte darauf achten, dass alle Beteiligten Spaß haben und dass das Spiel funktioniert. Ansonsten muss das Spiel verändert und an die Gruppe angepasst werden.*

(Vgl. Rohnke/Butler 1995, 60)

Dieses System ist eine Richtschnur für Spiele, die am Anfang einer Spielkette stehen und dazu dienen, die Spielerinnen und Spieler aufeinander einzustimmen und eine angenehme Atmosphäre zu fördern.

Der wesentliche Unterschied bei der Instruktion von Spaßspielen im Vergleich zu Abenteuerspielen besteht in der Rolle der Spielleitung. Im Gegensatz zu den Abenteuerspielen wird das Spiel nicht an die Gruppe übergeben, sondern Spielleitung und Gruppe spielen gemeinsam. Dadurch hat die Spielleitung die Möglichkeit, Werte wie Wertschätzung und Spielfreude direkt zu vermitteln und aus dem Spiel heraus Einfluss auf das Spielgeschehen zu nehmen.

Spielleitung und Gruppe spielen gemeinsam „Contacto". Dabei steht eine Person auf einem festgelegten Platz und der Rest der Gruppe muss diese mit einem Finger berühren. Dann schließt die Person in der Mitte die Augen, ruft laut „Contacto" und zählt langsam von zehn bis null. Anschließend öffnet sie die Augen und kann alle Spielerinnen und Spieler aufrufen, die sie von ihrem Standpunkt aus sehen kann. Die genannten Personen scheiden aus und können etwas abseits den weiteren Spielverlauf mitverfolgen (was bei diesem Spiel auch seinen Reiz hat!). Hat die Person in der Mitte alle für sie sichtbaren Personen aufgerufen, schließt sie wieder die Augen. Diesmal zählt sie nur noch von neun bis null. Nun müssen alle Spielenden ihre Verstecke verlassen, die Person in der Mitte berühren und sich erneut verstecken, bevor diese wieder die Augen öffnet. In jeder Runde fängt die Person in der Mitte mit einer Zahl weniger an zu zählen. Das Spiel endet, sobald die letzte Person erwischt wurde.

Dieses Spiel ist ein Riesenspaß und es gibt kaum eine Gruppe, die es nicht gern spielt. Wichtig ist allerdings, dass der Spieler in der Mitte – der „Contacto" – laut und langsam zählt und nur Personen aufruft, die er eindeutig erkennen kann. Die einfachste Methode, dies zu gewährleisten, besteht darin, es vorzumachen und in der ersten Runde selbst die Rolle des „Contacto" zu übernehmen.

Animation

In der Präsentationsphase spielt neben der Instruktion die Animation eine große Rolle. Die Spielleitung hat die Aufgabe, die Neugierde der Teilnehmenden zu wecken, diesen die Aufgabe schmackhaft zu machen und sie zu motivieren, sich auf das Spiel einzulassen. Dies ist vor allem durch folgende Aspekte möglich:

- Spielaufbau
- Materialauswahl
- Spielgeschichten
- Spaß und Humor

Spielaufbau

Viele Spiele und Aufgaben wirken schon aufgrund ihres Spielaufbaus oder der ihr zugrunde liegenden Idee motivierend. Dies gilt vor allem für Aufgaben, die besonders knifflig erscheinen – wie z.B. nur mit Toilettenpapier mehrere Schnüre zu konstruieren, mit der eine Person aus der Gruppe in die Luft gehoben werden kann („Am seidenen Faden") – oder eine sehr einfache und klar zu benennende Aufgabe beinhalten – eine Gruppe von zwölf Personen bekommt vier Holzklötze und soll sich so darauf verteilen, dass für drei Sekunden niemand den Boden berührt („Einer geht noch!").

Materialauswahl

Animierende Spielmaterialien können sich ungemein positiv auf das Spiel auswirken, indem sie die Spielfreude erhöhen, die Aufmerksamkeit der Gruppe auf sich ziehen und die Motivation der Spielerinnen und Spieler steigern.

Bretter, Kisten, und Stöcke beispielsweise wirken auf den ersten Blick besonders „handfest“ und geben besonders Jungen und jungen Männern den Eindruck, eine „echte“ Aufgabe vor sich zu haben.

Bei der Aufgabe „Minen von Moria“ müssen die Teilnehmenden eine 2,60 Meter breite Schlucht überqueren, ohne den Boden zu berühren. Einzige Hilfsmittel sind zwei Getränkekisten, ein langes und ein kurzes Brett und ein Stück Rohr. Um die Aufgabe zu lösen, muss die Gruppe eine Brücke bauen und sich überlegen, wie sie die zweite Getränkekiste an den richtigen Platz stellen können, da das längste Brett lediglich 2,40 Meter misst.

Darüber hinaus eignen sich in der Anfangsphase einer Gruppe kuriose, witzige Spielmaterialien besonders gut. Durch diese kann die Aufmerksamkeit der Teilnehmenden von der Gruppe und der Situation auf einen Gegenstand zentriert werden und Spannungen können sich lösen.

Ein gutes Warm-up ist das Spiel „Die Gruppenjonglage". Die Gruppe steht im Kreis und wirft einen Gegenstand in einer vorher festgelegten Reihenfolge hin und her. Während des Spielverlaufs kommen immer mehr Gegenstände ins Spiel und die Gruppe hat die Aufgabe, so viele wie möglich in der Luft zu halten. Wenn dieses Spiel mit Tennisbällen gespielt wird, handelt es sich eher um eine Gruppenübung als ein Warm-up und die Wurf- und Fangfähigkeiten der Spielenden stehen im Mittelpunkt. Handelt es sich bei den Gegenständen dagegen um ein Gummihuhn, eine Sprechpuppe, Jonglierbälle etc., sind diese Mittelpunkt des Spiels, es geht nicht mehr so sehr um die Fähigkeiten der Teilnehmenden, sondern um den Spaß, mit Gummihühnern zu werfen.

Doch der Einsatz von Spielmaterialien kann sich auch negativ auf den Spielverlauf auswirken.

Seile, Karabiner und Klettergurte z.B. wecken bei vielen Menschen die Motivation, sich auf das Spiel einzulassen. Die Materialien besitzen schon den Hauch von Abenteuer für die Teilnehmenden. Für manche wirken solche Gegenstände jedoch in erster Linie abschreckend. Die Angst vor der bevorstehenden Aktion wird gesteigert, und die Teilnehmenden sind durch das subjektive Gefühl der Angst blockiert.

Während die Aufmerksamkeitszentrierung auf einen Gegenstand außerhalb der Gruppe in der Anfangsphase positiv ist, kann sie den weiteren Verlauf der Maßnahme auch behindern. Wenn die ganze Gruppe ihre Aufmerksamkeit auf bestimmte Spielmaterialien gerichtet hat, entgeht es den Teilnehmenden schnell, dass sich einzelne Gruppenmitglieder unsicher fühlen, Probleme haben oder dass sich Spannungen innerhalb der Gruppe aufbauen. Ist die Gruppe im fortgeschrittenen Verlauf der Sequenz gerade mit der Lösung einer Aufgabe beschäftigt, die einzelne Personen an ihre Grenzen führt, behindern Spielmaterialien wie ein Gummihuhn die Aufgabe, da sie dadurch eine unbeabsichtigte Komik erhält, die der aktuellen Gefühlslage der entsprechenden Person völlig widerspricht.

Genauso kann es bei Gegenständen sein, die den Spielern schon bekannt sind.

Das Spiel „Die Gruppenjonglage" wird durch einen Volleyball völlig verändert, da es bestimmt einige Spielerinnen oder Spieler gibt, die diesen nicht fangen und wieder werfen werden, sondern versuchen den Volleyball zu pritschen oder zu baggern.

Auch in Spielmomenten, in denen die Spielenden nicht auf vorhandene Verhaltensweisen zurückgreifen können und sich in einer subjektiven Stresssituation befinden, kann ein bekannter Gegenstand den Spielverlauf entscheidend stören, da die Spieler sich durch diesen von der eigentlichen Aufgabe ablenken lassen, um der unsicheren und ungewohnten Situation auszuweichen. Während der Planungsphase oder einer Besprechung zu einer schwierigen herausfordernden Aufgabe können sich einzelne Personen dieser Situation entziehen, indem sie anfangen Fußball zu spielen und so dem gestellten Problem aus dem

Weg gehen. Die Barriere, sich mit der gestellten Aufgabe zu befassen wird größer. Deshalb ist es wichtig, darauf zu achten, dass Gegenstände verwendet werden, die eher ungewöhnlich oder jedenfalls nicht alltäglich sind.

Spielgeschichten

Die Einbettung einer oder mehrerer Aufgaben in eine Spielgeschichte kann für alle Beteiligten überaus reizvoll sein und die Teilnehmenden sehr motivieren.

Damit dies gelingt, müssen jedoch einige Aspekte beachtet werden:

Zunächst einmal ist es wichtig, dass die Handlung in sich stimmig ist. Es versetzt einem als Spieler immer einen richtigen Dämpfer, wenn man in eine Story „eintaucht" und auf einmal feststellt, dass die Handlung nicht mit dem eigenen Handeln zusammenpasst.

Spielerinnen und Spieler wird es schwerfallen, sich einen brodelnden Lavasee vorzustellen, wenn sie gleichzeitig diese Fläche immer wieder betreten müssen, um eine bestimmte Aufgabe zu lösen.

Am besten spielt man im Vorfeld die ganze Spielkette im Geiste noch einmal durch und überlegt sich, wie die einzelnen Elemente miteinander verbunden werden können, wie wichtige Materialien in die Handlung integriert und Regeln aus Sicht der Rahmengeschichte plausibel werden. Dabei kann die Geschichte selbst ruhig völlig verrückt sein, wichtig ist, dass alle Spielelemente ihren Platz haben und innerhalb des Rahmens Sinn machen.

Es ist nicht schlimm, wenn in der Geschichte auf einmal ein depressiver Riese auftaucht, dem die Gruppe helfen muss, weil dieser sonst eine ganze Stadt mit seinen Tränen überfluten würde. Wenn so die Story lautet, ist das okay und kann gerade durch die Absurdität noch animierend und motivierend wirken. Doch unpassend und störend kann es sein, wenn irgendwelche Brennelemente eines Atomkraftwerkes, die unter keinen Umständen berührt werden dürfen, im folgenden Spiel Stöcke sind, die alle bekommen, um die nächste Aufgabe lösen zu können. Das passt nicht und die Teilnehmenden werden aus ihrer Spielwelt herausgerissen.

Ein weiterer wichtiger Faktor für den Erfolg einer Rahmengeschichte ist das Material, das eingesetzt wird. Meistens sind die Teilnehmenden noch zu sehr ihrem Alltagstrott verhaftet, um sich auf irgendwelche Fantasiegeschichten einzulassen oder tun sich generell schwer damit. Während Kinder schnell irgendeinen Stock als schlafenden Drachen betrachten können, ist diese Gabe vor allem Erwachsenen oft verloren gegangen und sie brauchen einen stärkeren Stimulus oder Input. Deshalb ist es von Vorteil, wenn man als Spielleitung versteht, Geschichten flexibel durch geeignetes Spielmaterial auszubauen und den Spielerinnen und Spielern dadurch den Einstieg in die Spielwelt zu erleichtert. Es ist immer wieder erstaunlich, wie viel in dieser Hinsicht schon durch kleine Details erreicht werden kann.

Im Rahmen einer Klassenfahrt einer achten Schulklasse hatten wir die Idee, alle Spiele irgendwie mit Hasen in Verbindung zu setzen, da wir noch einen riesigen Sack voller Möhren übrig hatten, die keiner essen wollte. Ein Fangspiel wurde zum „Hasenrasen", Das Kennenlernspiel zu „Mein Name ist Hase". Bei jeder Aktion hatten wir genügend Möhren dabei, Moderationen wurden nur noch mit „Möhrofon" durchgeführt usw. Innerhalb einiger Tage wurden Möhren so zum beliebtesten Spiel- und Lebensmittel, bis am vierten Tag unser ganzer Vorrat aufgegessen war.

Die Schülerinnen und Schüler hätten sich vielleicht nie auf so einen „Kinderkram" wie „Hase und Igel" eingelassen, doch durch den konsequenten Einsatz unserer Möhren fiel es ihnen viel leichter, in unsere „Roger-Rabbit-World" einzutauchen.

Dasselbe gilt für das Ambiente, in dem die Spielgeschichte durchgeführt wird. Durch Decken, Tücher, Gerüche, Musik usw. kann die Leitung ganz bewusst die Stimmung variieren und die Spielerinnen und Spieler animieren, sich auf ein Spiel einzulassen.

Die Überwindung einer Alarmanlage wirkt viel „echter", wenn der Raum vollkommen dunkel ist und die Spieler nur Taschenlampen haben, um sich zu orientieren. Im Hintergrund läuft vielleicht der Soundtrack aus dem Film „Mission Impossible" und Spielleitung und Gruppe kommunizieren während der gesamten Aufgabe nur per Funkgerät.

Bei der Ausgestaltung einer Rahmengeschichte spielt die Liebe zum Detail eine wichtige Rolle. Die Teilnehmenden nehmen diese sehr aufmerksam wahr und schätzen es, wenn Geschichte, Gestaltung des Spielorts und Materialauswahl eine Einheit ergeben. Bei einer Rettungsaktion des Technischen Hilfsdienstes ist es aus Sicherheitsgründen einfach notwendig, dass alle Beteiligten einen Helm tragen.

Gerade solche Kleinigkeiten besitzen einen hohen Animationseffekt. Sie bringen die Spielerinnen und Spieler zum Schmunzeln und ermöglichen es diesen, sich auf die Rahmenhandlung einzulassen.

Spaß und Humor

Bei der Animation spielen Spaß und Spielfreude eine ganz wichtige Rolle. Die Spielleitung sollte immer vermitteln, dass kooperative Abenteuerspiele Spaß machen und die Teilnehmenden motivieren, sich auf das Spiel einzulassen. Besonders geeignet sind dafür natürlich die Spaßspiele zu Beginn einer Einheit. Bei diesen kann die Spielleitung selbst mitspielen und die eigene Spielfreude auf die Gruppe zu übertragen.

Bei dem „Amöbenspiel" geht es darum, die Evolution nachzuspielen.

Angefangen von der Amöbe geht es über das Krokodil, den Hasen, den Adler bis hin zum Affen und schließlich zum Menschen. Zu Beginn schwimmen aber alle Beteiligten als Amöben durch die Ursuppe. Sobald sich zwei gleiche Tiere treffen, können sie untereinander per „Stein, Schere, Papier" ausmachen, wer von ihnen in der Evolution eine Stufe höher aufsteigt und wer wieder einen Rückschritt machen muss bzw. Amöbe bleibt. Das Spiel geht so lange, bis als Krönung der Schöpfung der Großteil der Gruppe Mensch geworden ist und als solcher dem lustigen Treiben der Tiere zuschaut.

Ein wunderschönes Spiel, das seinen vollen Reiz allerdings erst entfaltet, wenn die Beteiligten nicht nur die vorgegebenen Bewegungen der Tiere nachahmen, sondern dabei auch die entsprechenden Töne von sich geben. Um den Teilnehmenden die Scheu davor zu nehmen, sollte die Spielleitung dies am besten zunächst selbst demonstrieren und so die Spielerinnen und Spieler animieren, es ihr gleichzutun.

Dadurch büßt sie keineswegs ihre Autorität ein. Vielmehr zeigt sie den Spielerinnen und Spielern damit, dass dieses Verhalten Spaß macht, und lädt sie ein, das Gleiche zu tun.

Ein weiterer Gesichtspunkt bei der Animation ist der Einsatz von Humor. Humor kann hervorragend geeignet sein, eine steife, unsichere Anfangsatmosphäre aufzulockern. Geht es beispielsweise darum, sich an den Händen zu fassen, und die Spielleitung merkt, dass dies manchen in der Gruppe unangenehm ist, kann sie dies auf witzige Art ansprechen und die Spannung dadurch lösen.

Doch Humor kann sich auch negativ auswirken. Nicht immer ist es angebracht, durch Späße die Spannung und Nervosität der Teilnehmenden zu vertreiben. In herausfordernden Situationen, z.B. wenn gerade eine Person durch das oberste Loch des „Spinnennetzes" gereicht wird, können Witze und Späße unangebracht sein, da sie die Beteiligten ablenken und den ernsten Charakter der Situation verharmlosen. Witze, welche die Sicherheit der Spielerinnen und Spieler infrage stellen, sind immer unangebracht, da diese die notwendige Atmosphäre der Sicherheit und des Vertrauens untergraben und die Teilnehmenden ablenken und verunsichern. Bereits vorhandene Ängste verstärken sich und Nervosität und Unsicherheit, die durch den Witz beseitigt werden sollten, nehmen zu.

Ein beliebtes Beispiel hierfür sind Sprüche, wie „Ich hoffe du bist gut versichert" oder „Na dann probieren wir mal aus, ob der Knoten hält". Dies mag Personen, die mit der Materie vertraut sind, nicht schockieren oder verunsichern, aber meistens sind die Teilnehmenden schon genug verunsichert und bedürfen eines solchen Humors wirklich nicht.

Besonders an Wendepunkten innerhalb der Spielkette, z.B. bei einer ersten Vertrauensübung nach einigen Warm-ups, ist der Umgang mit Witzen und Spaß ein schwieriger Faktor. Einerseits wurde der Spaßfaktor forciert. Andererseits ist es nun Aufgabe der Spielleitung, ein Spiel zu präsentieren, das ein gewisses Maß an Ernsthaftigkeit und Konzentration erfordert. Dies ist ein Grenzfall. Die Spielleitung sollte versuchen, beide Aspekte, Vertrauen und Spaß, zu berücksichtigen. Aber auch hier hat die Sicherheit Priorität und gegebenenfalls muss die Leitung intervenieren und auf die Ernsthaftigkeit des Spiels hinweisen.

Bei allen Möglichkeiten und Methoden der Animation muss folgendes Kriterium besonders hervorgehoben werden: Die Kongruenz der Spielleitung. Es ist nur möglich, die Spielerinnen und Spieler zu etwas zu animieren, wenn die Spielleitung dabei „echt" wirkt. Spaß und Humor leben von Spontaneität und Überzeugungskraft. Deshalb sollte die Spielleitung nicht versuchen Spiele anzuleiten, wenn sie diese selbst als unangenehm empfindet. Die Teilnehmenden würden dies sofort bemerken. Spaß am Spiel lässt sich am ehesten vermitteln, wenn die Spielleitung mit „ganzem" Herzen dahintersteht. Es wirkt wenig überzeugend, sich zu verstellen oder den „Animateur" zu mimen, wenn dies nicht zur eigenen Person passt.

Verschiedene Lernansätze und deren Präsentationsformen

Wie oben dargestellt, sind die entscheidenden Faktoren der Präsentation die Instruktion und die Animation. Bei der Gewichtung dieser beiden Faktoren gibt es jedoch ein breites Spektrum an Variationsmöglichkeiten. Diese reichen vom reinen Instruieren bis hin zu einer Inszenierung, in der die spielerische Gestaltung die vorherrschende Rolle spielt.

Im Folgenden werden drei Lernansätze näher erläutert, die diese unterschiedlichen Schwerpunkte aufgreifen und es wird exemplarisch erklärt, wie diese im Rahmen einer Spielpräsentation umgesetzt werden können. Alle drei Ansätze haben ihre Vor- und Nachteile und sind absolut gleichwertig. Welcher am besten geeignet ist, hängt immer von der jeweiligen Gruppe, der Situation und der Spielleitung ab.

The open learning space

Dieser Ansatz geht davon aus, dass Lernsituationen offen gehalten werden müssen, damit die Lernenden ihre eigenen Vorstellungen, Bilder, Denk- und Handlungsmuster einbringen können. Ziele, Präsentationen und Programme, die in dieser Hinsicht keine Spielräume für die Themen der Teilnehmenden lassen, verhindern bedeutungsvolles Lernen.

Erlebnispädagogische Aufgabenstellungen konfrontieren die Teilnehmenden daher idealerweise mit einer „Dynamik der unfertigen Situation": Sie stellen klare Probleme für die keine eindeutigen Lösungen vorliegen, lassen viel Raum für Fantasie und konstruktive Gestaltungsmöglichkeiten und präsentieren viel Unfertiges. Gleichzeitig geben sie einen Rahmen vor, der Elemente zur Begrenzung destruktiver Entwicklungen aufweist (vgl. Gilsdorf 2004, 73ff.).

Im Rahmen dieses Ansatzes gibt es zwei Möglichkeiten, eine Aufgabe zu präsentieren, die sachlich-nüchterne und die fantasievoll-spielerische:

Die sachlich-nüchterne Instruktion

Die Spielleitung beschränkt sich auf eine reine Vorstellung der Aufgabenstellung und der Regeln und verzichtet in ihrer Präsentation auf jede Form von Hinweisen, Bildern oder Metaphern.

Vor euch seht ihr ein aus Seilen geknüpftes Netz. Eure Aufgabe ist es nun, dass es euch als Gruppe gelingt, alle durch die einzelnen Öffnungen zu kommen, ohne die Seile zu berühren. Jede Öffnung darf jedoch nur einmal benutzt werden. Falls jemand ein Seil berührt, gibt es drei verschiedene Möglichkeiten:

- *Alle müssen wieder von vorn starten.*
- *Alle, die direkt oder indirekt (durch eine andere Person) an der Seilberührung beteiligt waren, müssen zurück.*
- *Nur die Person, die direkten Kontakt mit dem Seil hatte, muss neu starten.*

Die Aufgabe ist dann beendet, wenn alle auf der anderen Seite stehen. Für die Regeleinhaltung seid ihr selbst verantwortlich. Ich werde die Aktion nur beobachten. Bitte überlegt jetzt zuerst, wie die Regelauslegung sein soll und wie ihr darauf reagieren wollt. Es zählt aber nur ein einstimmiges Ergebnis, ihr müsst euch also vorher genau absprechen. Wenn ihr so weit seid, gebt ihr mir ein Zeichen, und die eigentliche Aktion fängt an. Haben alle die Aufgabe verstanden oder bestehen noch Fragen. Ansonsten ist es jetzt eure Aufgabe.

Der Vorteil dieses Ansatzes besteht in der Offenheit der Aufgabe. Die Spielleitung ist nicht festgelegt, sondern kann immer auf das Spielgeschehen reagieren. Die Spielerinnen und Spieler wählen ihre eigenen Schwerpunkte und Diskussionsthemen, auf die die Spielleitung dann in der Reflexion eingehen kann. Bedingung für ein solches Vorgehen ist aber eine schon im Vorfeld motivierte Gruppe bzw. eine sehr animierende Aufgabenstellung. Die Aufgabe muss von sich aus schon so reizvoll für die Gruppe sein, dass die Spielleitung auf andere Animationsmethoden wie Rahmengeschichten, Symbole, Verwandlungen verzichten kann, oder die Gruppe ist so motiviert, dass weitere Motivationsversuche überflüssig oder sogar negativ für das Spielgeschehen sind. Durch die Reduktion auf die Instruktion der Regeln bekommt das Spiel eine Art Ernsthaftigkeit, alle spielerischen Elemente werden bewusst ausgelassen.

Die fantasievoll-spielerische Präsentation
Die Aufgabe wird in Form einer spielerischen Rahmengeschichte vorgestellt. Die Fantasie der Teilnehmenden wird angeregt und die Gruppe animiert, sich auf das Spielgeschehen einzulassen.

Auf eurem gefahrvollen Weg zu den Quellen der Weisheit müsst ihr nun eines der schwersten Hindernisse überhaupt passieren: „Das Tor der Arachne“. Arachne ist eine riesige blinde Spinne, die hier ihr Netz gebaut hat, um jeden, der diesen Weg passieren möchte, aufzufressen. Ihr habt jedoch eine Chance, unbemerkt hindurchzugelangen, und zwar indem ihr alle unterschiedlichen Öffnungen benutzt, damit ihr so wenig Gerüche wie möglich hinterlasst und niemals einen der Spinnenfäden berührt. Denn sobald Arachne auch nur die geringste Erschütterung spürt, kommt sie sogleich, um euch einzuspinnen. Wenn dies passiert, müsst ihr alle schnell wieder hier auf die Seite, wo sie euch nicht sehen kann, und eure Passage neu beginnen. Damit ihr wisst, wann euch Gefahr droht, hänge ich diese kleine Alarmglocke an das Netz. Wenn sie durch eine Berührung läutet, müssen alle zurück. Glaubt ihr, ihr könnt auch dieses gar schreckliche Hindernis überwinden? Sodann wünsche ich euch viel Glück, ich werde euer Tun derweil von dort hinten beobachten, denn Arachne würde mich sofort wittern.

Diese Variante betont vor allem die Animation. Die Spielerinnen und Spieler tauchen ein in eine neue Welt und der Spielcharakter überwiegt klar gegenüber dem Übungscharakter. Diese Form der Präsentation besitzt wie die erste Variante eine grundsätzliche Offenheit, da auch sie auf eine inhaltliche Eingabe verzichtet und keinen thematischen Fokus setzt. Im Vergleich zu der ersten Variante lässt sie sich dann besonders gut einsetzen, wenn die eigentliche Aufgabenstellung nicht ansprechend genug ist bzw. die Gruppe noch nicht motiviert ist. Bedingung dafür ist aber eine gelungene Form der Animation. Die Teilnehmenden müssen aufgrund der Präsentation Lust auf die Aufgabe bekommen. Deshalb bedarf auch diese Form einer intensiven Vorbereitung, insbesondere in der Gestaltung der Räumlichkeiten, der Rahmengeschichte und der Spielleitung selbst.

Frontloading the experience
Dieser Ansatz geht davon aus, dass eine Gruppe intensiver und besser lernen kann, wenn alle Beteiligten über die Ziele und Hintergründe der Aufgabenstellung informiert sind. Die Motivation, sich auf herausfordernde Aufgaben und ungewohnte Aktivitäten einzulassen, steigt demnach deutlich, wenn die Teilnehmenden wissen, warum sie dies tun sollten. Die Festlegung auf ein Thema ermöglicht eine Fokussierung auf ganz bestimmte Gruppenprozesse. Die anschließende Reflexion bietet so die Möglichkeit, sich mit konkreten Fragestellungen differenziert auseinanderzusetzen und zielorientiert zu lernen.

Vor euch seht ihr ein aus Seilen gespanntes Netz. Eure Aufgabe ist es, dass ihr es als Gruppe schafft, alle Spielerinnen und Spieler durch die Öffnungen zu transportieren, ohne ein Seil zu berühren. Jede Öffnung darf jedoch nur einmal benutzt werden. Falls ein Seil berührt wird, muss die gesamte Gruppe wieder von vorn anfangen. Beendet ist die Aufgabe dann, wenn alle auf der anderen Seite stehen. Ziel dieser Übung ist es, dass ihr die Art und Weise, wie ihr miteinander umgeht, einmal näher betrachten könnt. Bitte achtet darauf, inwieweit jeder seine Vorschläge und Einwände einbringen kann und die Gruppe darauf reagiert. Werden alle so behandelt, wie sie es wünschen oder werden einige auch übergangen? Inwiefern sind alle in die Aktion mit einbezogen? Ich bitte euch, auf diese Punkte zu achten. Habt ihr die Aufgabe verstanden oder gibt es noch Fragen? … Dann ist es jetzt eure Aufgabe.

Die transparente Darstellung einer Zielsetzung und der Motive kann animierend auf die Teilnehmenden wirken, sich auf das Spiel einzulassen, und ermöglicht eine intensive Auseinandersetzung mit einem ganz bestimmten Themengebiet. Diese Methode bewährt sich aber nur bei bestimmten Personengruppen. Zum einen bei Gruppen, die ein klares Ziel vor Augen haben und sehr bemüht sind, dieses zu erreichen. Zum anderen bei Gruppen mit Teilnehmern, denen es schwerfällt, rein zweckfrei zu spielen oder Spaß zu haben, da es für sie ungewohnt ist bzw. sie Angst haben, sich zu blamieren, oder kindisch zu verhalten. Durch eine transparente Darstellung der anvisierten Lernziele und der Motive der Spielleitung, dieses Spiel vorzuschlagen, kann erreicht werden, dass sich alle sicherer fühlen und das Gefühl bekommen, dass die Spielleitung sie ernst nimmt. Die Leitung sollte die Aufgaben allerdings so präsentieren, dass den Spielerinnen und Spielern verschiedenste Handlungsmöglichkeiten zur Verfügung stehen und sie sich in ihren Verhaltensweisen nicht bewertet fühlen. Ansonsten besteht die Gefahr, dass die Teilnehmenden sich kontrolliert oder unter Druck gesetzt fühlen (vgl. Gass 1995).

Die Transparenz der Zielsetzung kann auch zu einer Verzerrung führen. Wenn eine Gruppe die Gründe und Zielsetzungen des Spiels vorab kennt, wird sie sich wahrscheinlich anders verhalten. Dies kann durchaus positiv und von der Spielleitung gewünscht sein, um der Gruppe zu demonstrieren, dass sie sich auch anders verhalten kann. Die Gruppe versteht eine solche Fokussierung allerdings unter Umständen als „Moralpredigt" und es entsteht eine Trotzreaktion, die Gruppe achtet vielleicht gerade darauf, dass sie sich nicht so verhält, wie die Leitung es gern hätte. Falls dies von der Spielleitung nicht beabsichtigt ist, sollte sie sich darüber im Klaren sein, dass das Spielgeschehen durch die transparente Präsentation beeinflusst wird und das Ergebnis verfälscht sein könnte.

Darüber hinaus ist bei dieser Präsentationsmethode die vorzeitige Festlegung der Spielleitung auf bestimmte Aspekte des Lernens ein kritischer Punkt. Einerseits ist es möglich, durch die gezielte Präsentation eine sehr differenzierte und genaue Reflexion zu erreichen, andererseits nimmt sich die Spielleitung die Spontaneität und Flexibilität, auf ungeplante Lern- und Gruppenprozesse einzugehen. Daher ist es für den Erfolg dieser Methode von besonderer Bedeutung, dass die ausgesuchten Schwerpunkte und Themen, die in der Einführung angesprochen werden, den Teilnehmern entsprechen und diese mit der Zielsetzung etwas anfangen können. Diese Art der Präsentation bedarf einer sehr intensiven Vorbereitung und einer präzisen Bedarfsanalyse: Was beschäftigt die Gruppe momentan besonders? Welche Themen stehen für die Teilnehmenden im Mittelpunkt? Woran möchte die Gruppe arbeiten?

Framing the experience
Lernen kann nachhaltig unterstützt werden, indem Aufgaben, Aktivitäten oder Spiele metaphorisch „aufgeladen" werden. Durch die gezielte Verwendung geeigneter Bilder, Benennungen oder Geschichten werden dabei Parallelen hergestellt zwischen der erlebnispädagogischen Aktivität einerseits, und Aufgaben, Aktivitäten und Situationen aus der Lebenswelt der Teilnehmenden andererseits.

Die metaphorische Aufladung von Aufgaben, Aktivitäten und Spielen trägt maßgeblich dazu bei, dass Spielerinnen und Spieler das gemeinsame Tun als sinnvoll erleben und Transferbezüge zu ihrem Erleben und Handeln im Alltag herstellen.

Ein zentrales Qualitätskriterium metaphorischen Arbeitens ist die Herstellung „isomorpher" Bezüge. Unter Isomorphie wird die eindeutige Abbildung ausgewählter Aspekte des Makrokosmos (Alltag) im erlebnispädagogischen Mikrokosmos (Aktivität) verstanden.

Unbewusstes metaphorisches Lernen kann zumindest teilweise die bewusste Verarbeitung von Lernprozessen ersetzen. Reflexionen haben in diesem Modell vorwiegend die Rolle, Aspekte des metaphorischen Lernens zu vertiefen (vgl. Gass 1995).

Das Netz, das ihr hier vor euch seht, steht für die verschiedenen Hindernisse auf eurem Weg zu einem erfolgreichen Projektabschluss. Eure Aufgabe ist es, diese zu überwinden und als ein Team auf die andere Seite zu gelangen. Jede Person aus eurem Team verfügt über bestimmte Eigenschaften und kann eines der Hindernisse meistern, indem es durch eine der Öffnungen auf die andere Seite gelangt. Wichtig ist aber, dass alle Hindernisse gelöst werden, das heißt, jedes Teammitglied muss durch eine andere Öffnung. Da ihr ein Team seid, könnt ihr euch natürlich tatkräftig unterstützen und gegenseitig wertvolle Ratschläge geben.

Das Berühren der Schnüre kommt einem Scheitern gleich und da ihr alle aufeinander angewiesen seid, bedeutet dies, dass ihr alle wieder zurück zu eurem Ausgangspunkt müsst.

Diese Form der Präsentation arbeitet bewusst mit Metaphern und Bildern, in die die Aufgabe eingebettet wird, in diesem Fall das Netz als Fülle von Hindernissen im Rahmen eines Projekts.

Die Gruppe NEPAL hat für das Spiel „Das Spinnennetz“ verschiedenste metaphorische Einleitungen zusammengestellt. Bei einem Beispiel wird „Das Spinnennetz“ als „Security Web Inc.“ angesehen, die Gruppe muss innerhalb einer bestimmten Zeit für jeden ein passendes Loch finden und ihn sicher hindurchbringen. Der Themenschwerpunkt liegt auf der Qualität und dem Zeitmanagement der Gruppe. Bei dem „Tor des Nicht-mehr-Tuns“ liegt der Schwerpunkt im Loslassen, dem Vertrauen. Die Aufgabe der Gruppe ist es, alle Gruppenmitglieder so sicher wie möglich durch das Netz zu bringen, ohne Mitarbeit der zu transportierenden Person und ohne dabei zu sprechen. Beide Varianten basieren auf dem gleichen Spiel und doch werden mithilfe der Metaphern verschiedenste Themen fokussiert. Durch die Verknüpfung von beispielsweise Loslassen und Vertrauen mit dem „Tor des Nichts-mehr-Tuns“ wird eine Brücke gebaut, die es den Spielerinnen und Spielern erleichtern soll, über diesbezügliche Erfahrungen zu sprechen (NEPAL, unveröffentlichte Arbeitsblätter).

Bei diesem Ansatz wird auch ein bestimmter Schwerpunkt festgelegt. Er ist allerdings nicht so konkret wie bei der transparenten Darstellung der Zielsetzung, da dies bildlich und symbolhaft geschieht. Durch diese Unterscheidung bleibt die Ausfüllung der Metapher den Teilnehmenden überlassen, diese können die Aufgabe für sich interpretieren. Bei diesem Ansatz besteht die Gefahr jedoch darin, dass die individuellen Bilder und Symbole, die jeder Mensch besitzt oder entwickelt, verschüttet werden, da ihnen eine vorerst fremde Metapher übergestülpt wird.

Johan Hovelynck unterscheidet in seiner Arbeit mit Metaphern zwischen den Sprachbildern und den Denkfiguren von Menschen. Seiner Meinung nach besitzt jeder Mensch eigene Metaphern, im Sinne von Denkfiguren oder Leitideen, die er im Lauf der Zeit entwickelt hat – das gilt für Spieler und Spielleitung. Sprachbilder dagegen sind Symbole, die allgemeingültig sind (Hovelynck 1999).

Das Symbol „Höhle“ beispielsweise verbinden viele mit Dunkelheit und Fremde, vielleicht aber auch mit Schutz und Geborgenheit. Für jemand, der eine ganz bestimmte Erfahrung mit einer Höhle verbindet, besitzt das Sprachbild Höhle dagegen eine ganz andere Bedeutung und ist vielleicht zu einer Denkfigur geworden.

Ein junger Mann ist früher oft mit seinem Vater in Höhlen gegangen. Dieser war immer bestrebt, seinem Sohn die Faszination Höhle näherzubringen, während dieser Höhlen als bedrohlich und fremdartig empfunden hat. Er musste sich stets überwinden und das Symbol Höhle ist für ihn zu einem Symbol des inneren Konflikts geworden, den Wünschen des Vaters gerecht zu werden und gleichzeitig seinen eigenen Willen durchzusetzen.

Aufgabe der Spielleitung ist demzufolge, die Denkfiguren der einzelnen Spielerinnen und Spieler aufzuspüren und sie diesen bewusst zu machen, um sie in der Arbeit aufzugreifen und zu intensivieren. Dieser Ansatz erfordert ein hohes Maß an Kompetenz der Spielleitung, da die Effektivität des Spiels abhängig ist von der Fähigkeit, Metaphern der Teilnehmenden zu erkennen und aufzugreifen.

Moderation

Egal, ob das Spiel im Rahmen einer Geschichte, mittels einer Hervorhebung der anvisierten Ziele präsentiert wird oder sich die Spielleitung auf die sachlichen Aspekte der Instruktion beschränkt. Wichtig ist die Art und Weise der Präsentation. Die Spielleitung sollte klar, präzise und verständlich sprechen, damit alle Teilnehmenden sie gut verstehen können. Dazu gehört auch ein bewusster Einsatz von Gestik, Mimik und Tonfall. Bei der Präsentation sollte sich die Spielleitung auf das Wesentliche beschränken und nicht zu weit ausholen oder von der Thematik abschweifen, da dies zu Verwirrung und Unverständnis führen kann. Weiterhin kann sowohl die Wort- als auch die Satzwahl bei der Präsentation ausschlaggebend sein. Wahrscheinlich sind die Spielerinnen und Spieler eher motiviert, sich auf ein Spiel einzulassen, wenn man es in Form einer Einladung präsentiert anstatt in Befehlsform.

Sätze wie „Seid ihr bereit für unser nächstes Abenteuer?“ wirken auf die Teilnehmenden viel animierender als eine Formulierung wie „Nach dieser Aktivität steht als nächstes folgende Übung für euch an“.

Neben den Unterschieden in der Syntax (Frage – Feststellung) ist auch die Wortwahl von Bedeutung. Der Begriff „Abenteuer“ ist motivierender als „Übung“. Durch die Verwendung des Pronomens „unser“ anstatt „euer“ im ersten Beispiel wird deutlich, dass die Spielleitung und die Gruppe zusammenarbeiten und nicht die Gruppe nur tut, was die Leitung von ihr verlangt. Solche „Kleinigkeiten“ können einen wichtigen Einfluss darauf nehmen, wie die Gruppe das Spiel angeht bzw. auf die Präsentation reagiert.

Bei der Präsentation ist es ebenfalls wichtig, dass die Spielleitung Blickkontakt mit den Spielerinnen und Spielern sucht. Dadurch fühlen sich diese stärker angesprochen und ihre Konzentration wird fokussiert. Während bei Diskussionsrunden die Kreisform am besten geeignet ist, bietet sich für die Präsentation der Halbkreis an, da so alle Teilnehmenden die Möglichkeit haben, die Spielleitung zu sehen und deren Instruktionen zu verfolgen. Bei Präsentationen unter freiem Himmel sollte es vermieden werden, dass die Spielleiter Sonnenbrillen tragen und die Spielerinnen und Spieler von der Sonne geblendet werden.

Weitere Punkte sind die Souveränität und Spontaneität, mit der die Spiele präsentiert werden. Eine souveräne und spontane Ausstrahlung der Spielleitung kann die Wirkung der Präsentation erheblich steigern. Die Beteiligten fühlen sich sicher und haben das Gefühl, am Verlauf der Spieleinheit wirklich beteiligt zu sein.

Für ein souveränes Auftreten kann es nützlich sein, sich vorher Notizen darüber zu machen, welche Dinge bei welchem Spiel zu beachten sind. Ein solcher Denkzettel sollte aber nicht als Dogma verstanden werden, sondern nur der Orientierung dienen, damit Spontaneität und Flexibilität erhalten bleiben. Ein Unterfangen, das speziell für jemand, der noch nicht lange kooperative Abenteuerspiele leitet und noch unsicher ist, wie ein Spagat wirken muss. Aber mit der Erfahrung steigen Sicherheit und Handlungsspielraum, sodass beide Vorsätze realisierbar werden.

Die Präsentationsphase

Die Spielleitung als Instrukteure und Animateure

- Gezielte Auswahl einer Präsentationsform
- Aufmerksamkeit der Gruppe auf sich ziehen und dafür sorgen, dass alle die Möglichkeit haben, der Präsentation zu folgen (idealerweise ein Halbkreis)
- Sinnhaftigkeit des Spiels vermitteln (entweder spielerisch-fantasievoll oder zielorientiert-praxisbezogen)
- Neugierde auf das Spiel wecken
- Fantasie, Humor und Spannung situationsgerecht einbauen
- Beschränkung auf das Wesentliche
- Regeln, Grenzen und Ziele klar hervorheben
- Klar und verständlich sprechen
- Mimik, Gestik und Tonfall bewusst einsetzen
- Alle Regeln am Ende noch einmal kurz zusammenfassen
- Möglichkeit bieten, Fragen zu stellen
- Vergewisserung, dass alle Beteiligten dass Spiel verstanden haben
- Sich der Motivation der Teilnehmenden vergewissern (im Zweifel explizit die Annahme der Herausforderung bestätigen lassen)
- Klärung der Rolle der Spielleitung gegenüber der Gruppe während des Spielgeschehens (Spielleitung als teilnehmender Beobachter)
- Klare Übergabe des Spiels an die Gruppe
- Klarer Rückzug aus dem Spielgeschehen durch eindeutiges Signal und Schaffung von räumlicher Distanz

(Vgl. auch NEPAL, unveröffentlichte Arbeitsblätter)

Die Aktionsphase

Die Aktionsphase

„Einem spielenden Menschen kann man tief in die Seele blicken.“
(Josef Recla)

In vielen Büchern wird die Aktionsphase übergangen oder nur kurz erwähnt und der Schwerpunkt auf die Reflexionsphase gelegt. Da es aber in der Reflexion um Erfahrungen und Erlebnisse geht, die während der Aktion entstanden sind, ist es für eine gute Spielleitung unerlässlich, sich mit dieser Phase des Spiels gründlich auseinanderzusetzen.

Alle in der Planungsphase entstandenen Überlegungen und Ideen stehen auf dem Prüfstein. Die Spielleitung muss während der gesamten Spieldauer auf die Reaktionen der Teilnehmenden achten und geplante Regeln und Vorgehensweisen möglicherweise verändern und dem Spielgeschehen anpassen. Aber die Frage ist nicht nur wann, sondern auch wie die Spielleitung reagieren sollte, falls die Gruppe Regeln anders auslegt als erwartet. Sie sollte sich zudem über mögliche Interventionen und deren Bedeutungen im Klaren sein. Doch um diese Dinge klären zu können, muss sich die Leitung zunächst überlegen, welche Rolle und Aufgabe sie während des Spiels einnimmt. Die eigene Position ist entscheidend für die weitere Vorgehensweise.

Rolle und Aufgabe der Spielleitung

Wie schon erwähnt, handelt es sich innerhalb kooperativer Abenteuerspiele um einen Lernprozess, der ganzheitlich, wachstumsorientiert und selbst organisiert ist bzw. sein sollte. Für die Aktionsphase heißt das, dass die Spielleitung sich möglichst zurückhalten sollte, da jede Intervention den Lern- und Gruppenprozess erst einmal stört bzw. behindert. Deshalb sollte sich die Spielleitung, nachdem das Spiel der Gruppe übergeben wurde, an einen günstigen Platz am Rand des Spielgeschehens postieren. Dieser räumliche Rückzug verschafft der Leitung mehr Übersicht über die Situation und verdeutlicht den Teilnehmenden, dass sie nun in erster Linie selbst für den Spielverlauf verantwortlich sind.

Die größten Tugenden einer effektiven Spielleitung in dieser Phase sind Geduld und Aufmerksamkeit. Doch dies ist oft leichter gesagt als getan. Viele Spielleiter fühlen sich genötigt einzugreifen, wenn sie den Eindruck bekommen, dass die Gruppe eine Aufgabe nicht lösen kann oder es zu Konflikten unter den Gruppenmitgliedern kommt. In diesen Fällen ist es wichtig, sich das eigentliche Ziel des Spiels vor Augen zu halten. Geht es wirklich darum, alle Spielerinnen und Spieler über ein Seil zu transportieren, das einen Meter über dem Boden befestigt ist? Oder geht es für die Teilnehmenden nicht vielmehr um die Möglichkeit, etwas über sich selbst zu lernen und sich im Umgang mit anderen Menschen zu erleben? Die Lösung einer Spielaufgabe sollte nicht primäres Ziel sein, sondern als ein

Medium angesehen werden, um einen Lernprozess zu initiieren. Deshalb gilt „Im Sinne eines selbstverantwortlichen Gruppenprozesses … die Devise: So wenig eingreifen wie möglich“ (Gilsdorf/Kistner 1995, 28). Die Spielleitung sollte allerdings immer potenzielle Gefahrenpunkte im Auge haben und sich in deren Nähe aufhalten, um im Notfall angemessen reagieren zu können. Besonders bei Spielen, in denen jemand hochgehoben bzw. getragen werden muss, kann es dazu kommen, dass einzelne Personen diese „im Eifer des Gefechts“ nicht zuverlässig festhalten. In solchen Fällen muss die Spielleitung spontan in der Lage sein, die Gruppe und die betroffene Person zu unterstützen, nötigenfalls selbst mit anzupacken. Wenn die Spielleitung in das Spielgeschehen eingreift, sollte es ein bewusstes Handeln sein, das von Situation zu Situation flexibel durchdacht werden muss.

Die eigentliche Aufgabe der Spielleitung liegt in der „aktiven und aufmerksamen Beobachtung des Gruppenprozesses“ (Gilsdorf/Kistner 1995, 29) und der sich daraus ergebenden Antizipation von Anknüpfungspunkten und Diskussionsthemen für die anschließende Reflexion. Folgende Aspekte und Fragestellungen können in dieser Hinsicht Aufschluss über mögliche gruppeninterne Themen und potenzielle Problemfelder geben:

Beobachtungsbogen für Spielleitung

- Wer beteiligt sich wie am Spielgeschehen?
- Wer ist besonders aktiv?
- Wen kümmert das Geschehen gar nicht?
- Wer ist formelle/informelle Leitung?
- Wer gibt Kontra?
- Gibt es Außenseiter?

- Wie ist die Gruppenkonstellation?
- Gibt es Untergruppen?
- Wie geht die Gruppe mit Konflikten zwischen mehreren Gruppenmitgliedern um?
- Gibt es Integrationsfiguren?

- Wie geht die Gruppe an die Aufgabe heran?
- Gibt es eine gemeinsame Planungsphase?
- Wie werden Entscheidungen getroffen?
- Wer weiß, wie die Gruppe vorgehen möchte?
- Wie ist der Umgangston in der Gruppe?
- Wie läuft Kommunikation in der Gruppe ab?
- Wie achten die Gruppenmitglieder aufeinander?

- Wie gehen die Teilnehmenden mit ihren Handicaps um?
- Wie geht die Gruppe mit Regeln um?
- Wie ernsthaft ist die Gruppe dabei?
- Wie reagiert die Gruppe auf Probleme?
- Wie ehrgeizig ist die Gruppe?
- Wie wird mit individuellen Fehlern umgegangen?
- Wie reagiert die Gruppe auf einen gescheiterten Versuch?
- Wie kommt es zu einer positiven Wende?
- Warum klappt es auf einmal?

- Wie ist die Stimmung in der Gruppe?
- Hat die Gruppe Spaß?
- Woher nimmt die Gruppe ihren Spaß?

- Welche informellen Regeln gibt es in der Gruppe?
- Wie ist das Verhältnis von Gruppenwohl und Einzelinteressen?
- Was sind die wichtigsten Entscheidungskriterien innerhalb der Gruppe (Spaß, Effizienz etc.)?

Im Regelfall beobachten die Spielerinnen und Spieler die Leitung allerdings fast ebenso aufmerksam wie umgekehrt und neigen dazu, jegliche Signale auf das Spielgeschehen hin zu interpretieren. Deshalb sollte diese keine Zeichen der Bewertung oder Abwesenheit vermitteln, weder verbal noch nonverbal. Die Teilnehmenden merken sofort, zumindest unbewusst, wenn die Leitung nicht mehr mit allen Sinnen präsent ist. In solchen Fällen kommt es eher zu Unsicherheit, Aggression oder Frustration in der Gruppe.

Rauchen stellt für viele ein Signal des Entspannens, des Abschaltens dar. Besonders Personen, die selbst rauchen, fühlen sich ermutigt, sich ebenfalls eine Zigarette anzuzünden, und distanzieren sich automatisch von dem eigentlichen Spielgeschehen.

Seitengespräche mit der Koleitung sollten ebenfalls weitestgehend vermieden werden. Solche Reaktionen finden oft nur nebenbei statt und die Spielleitung ist sich dessen vielleicht nicht einmal bewusst. Aber selbst Mimik und Gestik können schon zu Irritationen oder Meinungsänderungen in der Gruppe führen, beispielsweise wenn die Leitung die Gruppe beobachtet und leicht den Kopf schüttelt oder nickt. Es handelt sich um indirekte Körpersignale, die nicht eindeutig sind und von der Gruppe auf unterschiedliche Weise interpretiert werden können.

Wenn eine Gruppe schon relativ lange an einer Aufgabe tüftelt, kommt es oft vor, dass eine oder mehrere Personen mit der Spielleitung Kontakt aufzunehmen versuchen. Sei es durch einfachen Blickkontakt, Gestik oder Gespräche. Die Spielleitung sollte bemüht sein, so wenig wie möglich darauf einzugehen, ohne die betreffende Person zu brüskieren. Am günstigsten wirkt es sich auf das Spielgeschehen aus, wenn die Leitung der Gruppe gegenüber eine „wohlwollende Distanz" (NEPAL, unveröffentlichte Arbeitsblätter) einnimmt. Ansonsten kann es zu einer Spaltung der Gruppe kommen. Während einige noch versuchen die Aufgabe zu lösen, haben sich andere schon ausgeklinkt und der Kontakt mit der Spielleitung steht im Vordergrund.

Diese Dinge mögen vielleicht banal erscheinen, doch nicht selten bringen kleine Steine größere ins Rollen und sind somit entscheidend für einen möglichst unbeeinflussten Spielverlauf.

Die Beschreibung der Aufgaben der Spielleitung bezieht sich mit Ausnahme des Sicherheitsaspekts nicht auf Kennenlernspiele und Warm-ups. Im Gegensatz zu der oben formulierten Rolle und Aufgabe sollte die Spielleitung so oft wie möglich aus der distanzierten Position heraustreten und selbst mitspielen, da der Kernpunkt einer Spieleinheit die gute Beziehung zwischen Leitung und Gruppe ist. Indem die Spielleitung zusammen mit der Gruppe spielt, Spaß hat und auch einmal als Gorilla hinter einem gackernden Huhn herrennt, kann sie eine ganz andere Ebene erreichen als durch bloße Präsentation und Beobachtung.

Dies setzt jedoch erstens Lust und Laune am Mitspielen voraus und zweitens die Fähigkeit, während des eigenen Spiels die Gruppenprozesse und Verhaltensweisen der anderen nicht aus den Augen zu verlieren. Durch das Mitspielen kann die Leitung auch erkennen, wie die Beteiligten ein Spiel wahrnehmen und empfinden, und situationsgerechter reagieren. Hierfür ist es wichtig, sich und sein eigenes Spielverhalten (Wettkampfgeist, Art des Auftretens …) immer wieder zu reflektieren und sich dessen bewusst und gesteuert in Spielsituationen hineinzubegeben.

Obwohl Rolle und Aufgabe der Spielleitung in der Situation des Mitspielers und der des distanzierten Beobachters sehr verschieden sind, gilt ein Hauptkriterium für die Leitung aller Spiele: Präsenz. Das „soll heißen, er (der Spielleiter) ist voll konzentriert in der Situation, nimmt die Elemente, die die Situation bestimmen, ganz genau wahr, nimmt die Gruppe und jeden einzelnen wahr“ (Baer 1995, 189).

Umgang mit Spielregeln

Die Hauptaufgabe der Spielleitung liegt also im aktiven und aufmerksamen Beobachten von Gruppenprozessen. Doch wie kann die Spielleitung einschreiten, wenn einzelne Personen oder die gesamte Gruppe Instruktionen bzw. Regeln der Spielleitung weiter auslegt als erwartet, neu interpretiert oder gar ignoriert? Generell lassen sich fünf verschiedene Kategorien von Reaktionsmöglichkeiten auf Regelüberschreitungen festmachen:

- Die Regel ignorieren
- Den Regelbruch beobachten und erst in der Reflexion im Rahmen einer Qualitätskontrolle darauf zu sprechen kommen
- Die Regel verändern und an die Gruppe anpassen
- Die Regelüberschreitung thematisieren und die Entscheidung in die Gruppe geben
- Die Regelüberschreitung wie besprochen sanktionieren

Jede Gruppe und jedes Spiel ist anders. Deshalb sollte die Leitung ihr Verhalten stets neu abwägen. Generell gilt: Die Reaktion der Spielleitung sollte immer situationsbezogen und flexibel sein. Bei der Überlegung, wie auf Regelüberschreitungen zu reagieren ist, können folgende Fragen behilflich sein:

- Wie wichtig ist die Regel für das Spielgeschehen?
- Handelt es sich um eine kreative Interpretation der Regel?
- Hat die Gruppe keine Rücksicht auf die Regel genommen bzw. diese ignoriert oder ist es für sie nicht möglich, die Regel einzuhalten?
- Wirkt sich die Regelüberschreitung negativ auf einzelne Mitspieler aus?
- Wie reagieren die anderen Spieler/die Gruppe, ist es für sie in Ordnung oder nicht?
- Welche Konsequenzen hat das eigene Verhalten (der Spielleitung) auf den Verlauf der Spielsequenz?

Die Geltendmachung einer Regel gibt der Gruppe klare Strukturen vor. Die Beteiligten sind mit den Regeln vertraut und deren Überschreitung ist mit Konsequenzen verbunden (Punktabzug, Neuanfang etc.). Der Vorteil einer solchen Vorgehensweise ist die genaue Ergebniskontrolle.

Eine Gruppe versucht seit einer Stunde durch „Das Spinnennetz“ zu kommen, berührt aber ständig mehr oder weniger das Seil.

Wenn die Spielleitung daraufhin die Regelauslegung etwas lockert, kann es schnell zu Unzufriedenheit und Frustrationen in der Gruppe kommen, da ein Gefühl entsteht, es eigentlich nicht geschafft zu haben.

Besteht die Spielleitung auf der konsequenten Einhaltung der Regeln, ergibt sich daraus eindeutig, wann eine Gruppe die Aufgabe bewältigt hat. Nachteile dieses Verfahrens ist der enge Spielraum, um eingreifen zu können. Möglicherweise war die Aufgabe von Anfang an zu schwer und die Gruppe erlebt einen Misserfolg, für den sie eigentlich nicht verantwortlich ist.

Eine Gruppe bekommt die Aufgabe durch ein „Spinnennetz" zu gelangen, in dem es keine Öffnung gibt, die jemand ohne Hilfestellung von beiden Seiten passieren kann. Die Gruppe hat daher große Schwierigkeiten, mit der Aufgabe zu starten.

In diesem Fall sollte die Spielleitung die Regeln auf die Gruppe abstimmen. Aber bei einem zu häufigen Verändern der Regeln kann es passieren, dass die Gruppe sich nicht mehr in vollem Maße anstrengt, sondern darauf spekuliert, dass die Leitung das Regelwerk verändert.

Manchmal kann es besser sein, die Regeln beizubehalten, auch wenn die Gruppe zunächst schwere Probleme mit der Aufgabe hat. Möglicherweise gelangt die Gruppe zu einer Auslegung der Regeln, die zwar nicht mehr ganz regelkonform ist, aber von einer ungeheuren Kreativität zeugt.

Ein gutes Beispiel hierfür ist das Spiel „Der schnelle Ball". Bei diesem Spiel geht es darum, einen Ball so schnell wie möglich durch alle Hände zu reichen, wobei alle Gruppenmitglieder ihn einmal in den Händen haben müssen. Die Anfangsformation ist normalerweise eine Kreisrunde. Manche Gruppen entwickeln folgende Technik: Eine Person nimmt den Ball und berührt die Hände aller anderen Gruppenmitglieder, um ihre Zeit zu verbessern.

Nun stellt sich die Frage, inwieweit die Regel, jede Person muss einmal den Ball in den Händen halten, gebrochen wurde.

Bei dieser Regelauslegung wäre es vielleicht ungeschickt, auf die bestehende Regel hinzuweisen und diese geltend zu machen, da die Gruppe Kreativität gezeigt hat und es sich nicht um einen klaren Regelbruch, sondern um eine neue Interpretation der Regel handelt. In diesem Fall kann man in der Reflexion darauf eingehen, inwieweit die Spielerinnen und Spieler mit ihrem Ergebnis zufrieden sind oder nicht und ob bzw. warum sie ihre Interpretation für legitim halten oder nicht.

Das Ignorieren von Regeln erweitert den Spielraum der Gruppe und lässt den Teilnehmenden die Möglichkeit, Regeln durch neue Interpretationen umzuwandeln und zu ersetzen. Eventuell handelte es sich um eine Regel, die sich im Spielverlauf als nicht praktikabel gezeigt hat und die Gruppe nur einschränkt. Aber diese Nichtbeachtung eines Regelverstoßes kann dazu führen, dass ein Gefühl des Misserfolgs entsteht, wenn die Spielerinnen und Spieler keine Reaktion auf Regelüberschreitungen erfahren. Vielleicht nehmen sie dies sogar als mangelndes Durchsetzungsvermögen wahr und werden in der Folge immer wieder Regeln verändern, um sich die Aufgabe zu erleichtern oder ein besseres Ergebnis zu erzielen.

Selbstverantwortung der Gruppe

Will man ein Dilemma im Umgang mit Regeln vermeiden, kann man die Verantwortung dafür der Gruppe übergeben. Die Spielleitung erklärt der Gruppe im Vorfeld, dass sie selbst für die Einhaltung der Regeln zuständig ist. Einzige Bedingung ist die Einstimmigkeit der Gruppe. Sobald eine Person sich gegen eine neue Interpretation einer Regel ausspricht, muss sich die Gruppe dieser Meinung fügen bzw. versuchen, diese Person von der neuen Idee zu überzeugen. Durch eine solche Bedingung kann verhindert werden, dass es zu einem blinden Aktionismus einiger Spieler kommt, während andere sich nicht mehr mit dem Spiel identifizieren können.

Eine Gruppe bekommt die Aufgabe durch „Das Spinnennetz" zu gelangen. Falls eines der Seile berührt wird, müssen alle an dieser Aktion Beteiligten wieder auf die andere Seite. Zu Beginn des Spiels hat die Gruppe Schwierigkeiten und einige Spieler müssen immer wieder neu starten. Nachdem die Ersten das Hindernis passiert haben, kommt es zu einer erneuten Berührung der Seile und alle, die schon auf der anderen Seite stehen, waren beteiligt. Im ersten Moment blicken alle fragend auf die Spielleitung. Doch im Vorfeld hatte diese schon angekündigt, dass die Gruppe selbst für die Einhaltung der Regeln verantwortlich sei. Nachdem sie dies wiederholt und der Gruppe signalisiert, dass es ihre Entscheidung ist, kommt es zu einer interessanten Diskussion innerhalb der Gruppe. Einige vertreten die Ansicht, dies sei unvermeidlich, und wollen weitermachen, während andere dies als Kapitulation verstehen und sich um das Erfolgserlebnis betrogen fühlen.

Die Übergabe der Verantwortung an die Gruppe eröffnet ein neues Spannungsfeld innerhalb der Gruppe. Die einzelnen Teilnehmenden sind selbst dafür verantwortlich, inwieweit sie mit dem Spielverlauf zufrieden sind, und müssen sich mit den Meinungen der anderen auseinandersetzen.

Ein weiterer Vorteil ist, dass die Spielleitung nicht in die Rolle des Schiedsrichters gedrängt wird. So kann sie sich ganz auf die Beobachtung des Gruppenprozesses konzentrieren.

Doch diese erhöhte Verantwortung kann eine Gruppe auch überfordern. Die Gruppe wird unter Umständen aktionsunfähig oder macht es sich zu einfach, indem sie schwierige Regeln außer Kraft setzt. In den meisten Fällen ist es aber eher so, dass die Gruppe sogar noch viel strenger auf die Regeln achtet, da sonst oft das Gefühl entsteht, sich selbst betrogen zu haben, was nicht so häufig entsteht, wenn eine außenstehende Person entscheidet, da diese eher als Gegenpart angesehen wird.

Interventionen

Im Unterschied zu unbeabsichtigten Signalen der Spielleitung, die von der Gruppe interpretiert werden, ist eine Intervention eine bewusste, absichtsvolle Handlung zur Beeinflussung des Gruppenprozesses. Wie schon erwähnt, sollte so wenig wie möglich interveniert werden, um den Gruppen- und Lernprozess nicht zu unterbrechen. Doch manchmal ist ein Eingreifen unabdingbar und hilfreich, um die Aufmerksamkeit der Gruppe auf bestimmte Prozesse, Ideen oder Verhaltensweisen zu lenken. Dies ist dann der Fall, wenn die Gruppe sich in eine Idee verrannt hat, einzelne Personen sich weigern weiterzuspielen oder bestimmte Spieler ständig übergangen werden.

Je nach Situation gibt es verschiedene indirekte und direkte Interventionsmöglichkeiten, wobei diese sich vor allem im Grad der Intensität unterscheiden. Prinzipiell sollte jedoch immer möglichst die schwächste Interventionsform gewählt werden, da jeder Eingriff einen Einschnitt in die Bewältigungsstrategien der Spieler darstellt.

Indirekte Interventionen

1. Bestimmte räumliche Positionen einnehmen (z.B. neben bestimmte Materialien stellen)
2. Bestimmte Handlungen ausführen (z.B. Sicherheitsstellung einnehmen)
3. Bestimmte Spielaufbauten verändern/variieren (z.B. Markierungen verschieben, entfernte Hindernisse wegräumen)

Bei diesen Interventionen gilt:
- Sie werden nicht thematisiert, sondern ohne Kommentar ausgeführt.
- Sie stellen einen geringen Eingriff in das Spielgeschehen dar (der Spielverlauf geht weiter).

1. Bestimmte räumliche Positionen einnehmen

Dies ist die schwächste Form einer Intervention. Durch die Präsenz an bestimmten Orten des Geschehens kann die Spielleitung die Aufmerksamkeit der Gruppe in gewissem Maß lenken und das Spielgeschehen beeinflussen.

Während fast alle Teilnehmenden an der Lösung einer Aufgabe beteiligt sind, steht ein Mitspieler etwas abseits. Doch in ihrer Begeisterung nehmen die anderen Gruppenmitglieder dies gar nicht wahr und agieren weiter.

In diesem Fall kann es ausreichen, dass sich die Spielleitung in die Nähe des abseits stehenden Mitspielers stellt. Durch die Aufmerksamkeit, die die Spielenden der Leitung schenken, können sie auch ihren Mitspieler wahrnehmen und merken dadurch, dass nicht die gesamte Gruppe beteiligt ist.

2. Bestimmte Handlungen ausführen

Im Sinne des Vorsatzes „So wenig wie möglich und so viel wie nötig" reichen oft schon kurze nonverbale Impulse, um korrigierend auf das Spielgeschehen einzuwirken.

Die Gruppe macht sich begeistert an die Bewältigung des „Spinnennetzes". Die einzelnen Spielerinnen und Spieler werden zügig durch die Öffnungen gehoben, doch mit der Zeit sinkt die Konzentration. Die Teilnehmenden werden immer schneller durchgereicht und immer weniger Personen achten darauf, dass sich niemand verletzt.

In einer solchen Situation kann die Spielleitung die Teilnehmenden daran erinnern, auf die Sicherheit zu achten, indem sie sich dazustellt und eine Sicherungsstellung einnimmt. Durch diese Form der Beteiligung signalisiert sie der Gruppe das Problem, ohne das Spiel direkt zu unterbrechen.

3. Bestimmte Spielaufbauten verändern/variieren

Abenteuerspiele sind immer nur bis zu einem gewissen Grad vorhersehbar. Auch bei einer gewissenhaften Vorbereitung kann es immer wieder vorkommen, dass ein Spiel anders verläuft oder sich auf einmal unerwartete Schwierigkeiten ergeben und die Gruppe weitaus größere Probleme mit der Aufgabe hat als beim Aufbau angenommen.

Eine Gruppe von Jugendlichen soll eine bestimmte Strecke zurücklegen, ohne den Boden zu berühren. Geschieht dies dennoch, muss die entsprechende Person wieder zurück hinter die Startlinie. Als Hilfsmittel stehen der Gruppe lediglich mehrere Stöcke mit Saugnäpfen und ein Eimer voller Tennisbälle zur Verfügung.

Schon kurz nach Beginn erklären mehrere Spielerinnen und Spieler, sie hätten Probleme mit der Aufgabe, da ihre Schuhe sehr dünne Sohlen haben und das Stehen auf den Tennisbällen ihnen auf Dauer Schmerzen bereitet.

Nachdem die Spielleitung sieht, wie schwierig die Aufgabe für diese Teilnehmenden ist, verschiebt sie die Ziellinie, ohne dies zu kommentieren, mehrere Meter in Richtung Gruppe.

Die Teilnehmenden nehmen dies dankend zur Kenntnis und setzen ihre Bemühungen, die Aufgabe zu lösen, ohne Unterbrechung weiter fort.

In diesem Fall konnte die Spielleitung den Spielaufbau verändern, ohne dass dies negative Konsequenzen auf das Spielgeschehen hatte.

Im Gegenteil, indem die Spielleitung auf die Probleme der Spielerinnen und Spieler eingeht, wird das Verhältnis von Gruppe und Spielleitung gestärkt und die Teilnehmenden bekommen das Gefühl, sich auf die Spielleitung verlassen zu können. Dies gelingt allerdings nur, wenn die Veränderung nichts an der Aufgabenstellung selbst ändert.

Für die Lösung der Gruppe ist es unerheblich, ob die Gruppe acht oder zwölf Meter zurücklegen muss. Das Problem bleibt dasselbe, nur die damit verbundenen Strapazen verringern sich.

Gleiches gilt für Veränderungen von mehreren aufeinanderfolgenden Hindernissen innerhalb eines Spiels. Die Spielleitung kann meist ohne größere Probleme einen Parcours nachträglich verkürzen und ein Hindernis entfernen, wenn sie merkt, dass die Gruppe schon in der ersten Hälfte Probleme hat. Schwieriger wird es, wenn die Spielleitung ein Element aus dem Parcours entfernt, das die Gruppe bereits erreicht hat und daran gescheitert ist. In diesem Fall kann das Entfernen dieses Hindernisses als eine Veränderung der Aufgabenstellung an sich wahrgenommen werden und eventuell zu einem subjektiven Gefühl des Scheiterns innerhalb der Gruppe führen.

Direkte Interventionen

1. Fragen oder Handlungen von Spielern kommentieren
2. Bestimmte Handlungen und Ideen der Gruppe untersagen
3. Neue Regeln einführen
4. Den Spielverlauf unterbrechen und einen Reflexionsimpuls in die Gruppe geben
5. Das Spiel abbrechen und in die Reflexion einsteigen

Bei diesen Interventionen gilt:

- Sie stellen einen klaren Eingriff in das Problemlöseverhalten der Gruppe dar.
- Sie haben unmittelbaren Einfluss auf das Spielgeschehen.
- Sie müssen für alle Beteiligten klar wahrnehmbar sein (Spielstopp!).

1. Fragen oder Handlungen von Spielern kommentieren

Im Rahmen eines pädagogisch bedeutsamen Gruppenprozesses ist es ganz wichtig, dass alle Beteiligten selbst die Verantwortung für ihr Handeln übernehmen können. Dies gelingt aber nur, wenn alle Teilnehmenden den gleichen Wissensstand haben und in der Lage sind, selbstverantwortlich zu handeln.

Selbst wenn die Spielleitung zum Abschluss der Präsentation noch alle Verständnisfragen beantwortet, kommt es immer wieder vor, dass sich in der ersten Planungsphase der Gruppe noch neue Fragen ergeben oder die Teilnehmenden auf einmal merken, dass sie bestimmte Regeln ganz unterschiedlich verstanden haben. In diesem Fall sollte die Spielleitung direkt intervenieren und diese Unklarheiten für alle wahrnehmbar beseitigen.

2. Bestimmte Handlungen und Ideen der Gruppe untersagen

Diese Form der Intervention ist vor allem dann wichtig, wenn die Sicherheit der Teilnehmenden gefährdet ist.

Eine Gruppe von Jugendlichen möchte dem „Spinnnetz" einen größeren Reiz geben. Sie beschließen, nur noch die obersten Öffnungen zu nutzen und nacheinander hindurchzuspringen. Bei einem besonders hohen Loch kommt einer auf die Idee, sich auf die Schultern zweier Mitspielenden zu stellen, um von dort mit dem Kopf voran durch das Netz zu springen. Auf der anderen Seite sollten dann mehrere Personen Spalier stehen, um ihn mit ihren Armen aufzufangen. Keiner der Beteiligten hat Bedenken und alle stellen sich in Position. In diesem Moment interveniert die Spielleitung und untersagt dies mit Verweis auf die möglichen Risiken.

Sobald die Spielleitung das Gefühl hat, die Sicherheit der Teilnehmenden ist ernsthaft in Gefahr, muss sie intervenieren und ihre Leitungsrolle wahrnehmen.

Ansonsten sollte sie sich eher zurückhalten und zugunsten eines erfahrungsorientierten Lernens Fehler der Gruppe geschehen lassen und auch aussichtslose Lösungsversuche zulassen.

3. Neue Regeln einführen

Die nachträgliche Änderung oder Einführung von Regeln ist ein sehr kritischer Punkt und stellt einen klaren Eingriff in das Spielgeschehen dar. Oft reagieren die Teilnehmenden sehr sensibel auf eine derartige Intervention.

Die Spielleitung präsentiert einer Gruppe die Aufgabe „Planenrennen". Dabei müssen bis auf zwei Personen alle Teilnehmenden auf einer großen Plane stehen und als Gruppe eine Strategie entwickeln, möglichst schnell voranzukommen. Normalerweise geht dies nur, indem die Personen auf der Plane gleichzeitig hochspringen und die beiden Außenstehenden die Plane Stück für Stück vorwärtsziehen. Alternativ können sich die Teilnehmenden auch immer wieder an einer anderen Stelle der Plane sammeln und die verbliebenen Ecken werden nach vorn gezogen.

In diesem Fall gab es jedoch noch eine andere Möglichkeit: Aufgrund des sehr glatten Parkettbodens konnten die zwei Personen außerhalb der Plane alle anderen mit der Plane einfach nach vorn ziehen, ohne dass die Gruppe sich eine spezielle Lösung überlegen musste.

Die Spielleitung intervenierte daraufhin und führte die Regel ein, dass die Plane nur gezogen werden darf, wenn keine Person direkt draufsteht. Die Spielerinnen und Spieler fühlten sich durch die neue Regel schikaniert und äußerten den Verdacht, dass die Spielleitung diese Regel nur aufgestellt hat, damit sie diese Aufgabe nicht schaffen könnten.

Diese Reaktion ist keine Seltenheit. Sobald eine Gruppe für sich eine Lösung gefunden hat, die vermeintlich regelkonform ist, erleben die Spielerinnen und Spieler jede Intervention als Nichtanerkennung ihrer Leistung. Die Spielleitung kann dieses Gefühl vermeiden, indem sie in ihrer Intervention nicht nur eine neue Regel einführt, sondern auch die Lösung der Gruppe wertschätzt.

Die Spielleitung gratuliert der Gruppe zum Erreichen des Ziels und erkennt die Lösung der Gruppe als absolut richtig und regelkonform an. Da die Aufgabe für die Gruppe aber offensichtlich viel zu leicht war, lädt sie die Gruppe ein, die gleiche Aufgabe nun mit einer zusätzlichen Regel auszuprobieren.

Handelt es sich gar nicht um eine „neue" Regel, sondern nur um eine Vorgabe, die von der Spielleitung in der Präsentation vergessen wurde, kann die Spielleitung dies bedenkenlos zugeben, sich kurz bei der Gruppe entschuldigen und die vergessene Regel erklären. Dadurch bleibt die Spielleitung authentisch und vermittelt den Teilnehmenden, dass es ihr wichtig ist, ehrlich und offen miteinander zu kommunizieren.

Manchmal hat die Spielleitung aber keine Regel vergessen, sondern nur Vorgaben nicht erwähnt, die sie für selbstverständlich erachtet hat.

Eine Gruppe soll vier Spielfiguren auf einem Taschentuch von einem Tisch zu einem anderen transportieren. Die Figuren dürfen dabei nicht berührt und das Taschentuch nur an den vier Ecken angefasst werden. Sobald eine Figur umkippt, muss die Gruppe neu beginnen. Nachdem die Spielleitung die Aufgabe an die Gruppe übergeben hat, schieben mehrere Spielerinnen und Spieler den Tisch mit den Spielfiguren hinüber zu dem anderen und ziehen dort das Taschentuch von einem zum anderen Tisch. Als Reaktion auf den fragenden Gesichtsausdruck der Spielleitung erwidert ein Spieler, dass die Spielleitung nichts davon gesagt hat, dass es verboten sei, die Tische zu bewegen.

Diese Form der kreativen Regelauslegung kann so weit gehen, dass die Teilnehmenden ganz bewusst Lücken im Regelwerk suchen und nur noch darauf achten, was die Spielleitung alles nicht erwähnt hat.

Sollte die Spielleitung sich auf dieses Spiel einlassen, kann das gemeinsame Miteinander von Gruppe und Spielleitung schnell zu einem Gegeneinander führen und Spielspaß, Vertrauen und gegenseitige Wertschätzung gehen verloren.

Um dies zu vermeiden, ist es ganz wichtig, in der Erklärung der Aufgabe möglichst präzise zu sein. Wenn die Spielleitung eine konkrete Vorstellung davon hat, was die Gruppe machen soll, sollte sie nicht versuchen, das Handeln der Gruppe durch möglichst viele und konkrete Verbote so weit einzuschränken, dass der Gruppe nur noch diese eine Möglichkeit übrig bleibt, sondern direkt sagen, was sie von der Gruppe erwartet.

Wenn die Spielleitung möchte, dass die Gruppe die Spielfiguren auf den Taschentüchern trägt, sollte sie dies direkt dazusagen. Das ist viel einfacher, als durch eine Vielzahl von Verboten zu erreichen, dass die Gruppe selbst auf diese Lösung kommt: Die Figuren müssen auf den anderen Tisch. Ihr dürft aber weder die Figuren direkt berühren, noch die Tische verschieben usw. Es ist fast nie möglich, sämtliche unerwünschten Lösungsoptionen auszuschließen. Versucht die Spielleitung dies dennoch, kann es schnell passieren, dass die Gruppe sich in die Ecke gedrängt fühlt und gezielt nach einem bequemen Ausweg sucht.

Wenn einzelne Teilnehmende dennoch versuchen, Ungenauigkeiten einer Regelformulierung auszunutzen, kann die Spielleitung dies zum Anlass nehmen, den Spielverlauf zu unterbrechen und dieses Verhalten zu thematisieren.

Die Spielerinnen und Spieler müssen für sich entscheiden, ob sie bereit sind, sich ernsthaft auf die Aufgaben einzulassen und sich mit diesen zu beschäftigen oder nicht.

4. Den Spielverlauf unterbrechen und einen Reflexionsimpuls in die Gruppe geben

Eine Spielunterbrechung durch die Spielleitung ist immer ein klarer Eingriff in das Spielgeschehen. Nichtsdestotrotz kann diese sehr förderlich für eine Gruppe sein und den Teilnehmenden helfen, mit einer bestimmten Situation umzugehen oder sich bewusst mit dem aktuellen Gruppenprozess auseinanderzusetzen.

Dies gilt allerdings nur dann, wenn die Beteiligten von sich aus nicht in der Lage sind, eine Lösung zu finden. Um dies mit Sicherheit sagen zu können, sollte eine Intervention immer gut überlegt sein und erst dann eingesetzt werden, wenn die Gruppe genügend Zeit hatte, selbst einen Weg aus der Krise zu finden.

Entscheidet sich die Spielleitung für eine Intervention, ist es wichtig, sich schon im Vorfeld der eigentlichen Intervention eine entsprechende Frage und deren konkrete Formulierung zu überlegen, damit die Gruppe in relativ kurzer Zeit zu einer Lösung kommen und das Spiel unter Umständen fortsetzen kann.

Eine Gruppe steht vor einem komplexen Problem. Nachdem sie mehrere Lösungsvorschläge gesammelt hat, entscheidet sie sich für eine Idee und versucht diese umzusetzen. Nach einiger Zeit wird allen klar, dass es so nicht funktionieren kann, und die Gruppe reagiert frustriert und weiß nicht mehr weiter. Sie hat sich auf diese Form der Lösung festgefahren und alle Ideen zu Beginn des Spiels sind völlig vergessen.

Die Spielleitung möchte der Gruppe ein Erfolgserlebnis ermöglichen und entscheidet sich nach einem längeren Zögern für eine kurze Intervention. In diesem Fall reicht eine kurze Anregung von außen, um der Gruppe zu helfen, die Aufgabe zu lösen.

Die Spielleitung unterbricht kurz das Spielgeschehen und fragt die Gruppe, welche Lösungsmöglichkeiten sie denn noch hatte. Sofort fallen den Teilnehmenden die Ideen ein, die sie zu Beginn verworfen hatten, und es entsteht eine rege Debatte, warum diese nicht umgesetzt wurden. Nachdem alle Vorschläge noch mal vorgestellt wurden, entscheidet die Gruppe, mehrere dieser Ideen auszuprobieren.

In manchen Fällen ist eine solche Intervention allerdings nicht ausreichend.

Eine Gruppe von Studierenden hat die Aufgabe, mit vorhandenen Naturmaterialien eine Konstruktion zu bauen, um einen kleinen Bach in einem Märchenwald zu überqueren. Die Bachüberquerung darf aber nur dann beginnen, wenn alle Beteiligten mit der „Brücke" zufrieden sind. Sofort übernehmen zwei Studenten die Führung der Gruppe. Der Spielleitung fällt auf, dass mehrere Studentinnen mehrmals versuchen, sich ebenfalls aktiv am Brückenbau zu beteiligen, sich aber aufgrund der ablehnenden Reaktionen der beiden schließlich zurückziehen. Offensichtlich sind sie unzufrieden mit dem Spielverlauf, wissen aber nicht, wie sie mit dieser Situation umgehen sollen.

Die Spielleitung möchte die Situation nicht eskalieren lassen und will allen Beteiligten helfen, sich vor Ablauf des Spiels über ihre aktuellen Gefühle und Beweggründe auszutauschen. Sie entscheidet sich für die Durchführung einer kurzen Reflexion.

Die Spielleitung unterbricht das Spiel und bittet alle Beteiligten sich im Kreis aufzustellen. Sie fordert alle Beteiligten auf, mit drei Wörtern die folgende Frage zu beantworten: „Wie erlebe ich aktuell unsere Gruppe?“ Anschließend können alle Teilnehmenden sich Fragen zu den gewählten Wörtern stellen oder diese kommentieren.

Nachdem alle sich über ihre Gefühle ausgetauscht haben, überlegt die Gruppe, wie sie mit den unterschiedlichen Meinungen umgehen soll und welche Möglichkeiten es gibt, eine für alle zufrieden stellende Lösung zu finden. Anschließend geht das eigentliche Spiel weiter und die Gruppe versucht, die gefundene Lösung umzusetzen.

Darüber hinaus kann es sinnvoll sein, erlebnispädagogische Aktivitäten in solchen Momenten mit Fragen, Impulsen oder Kommentaren zu unterbrechen, die sich auf einen zentralen Aspekt des unmittelbaren Erlebens einzelner Spieler bzw. der ganzen Gruppe beziehen. Ein solcher Reflexionsansatz wird auch „Processing at the Edge“ genannt.

„Processing at the Edge“
„Processing at the Edge“ ist ein Ansatz, bei dem die Leitung ganz bewusst interveniert, um unmittelbar im Geschehen wichtige Erfahrungen der Teilnehmenden aufzugreifen.

Ausgangspunkt dieses Ansatzes ist die Überlegung, dass alle Emotionen und Denkmuster umso intensiver zum Ausdruck kommen, je stärker jemand die Herausforderung erlebt. Solche Momente ereignen sich normalerweise mitten im Geschehen und nicht nach der Lösung einer Aufgabe oder dem Abschluss einer Aktivität.

Besonders effektiv ist dieser Ansatz in der Auseinandersetzung mit dem unbewussten Denk- und Handlungsmuster der Teilnehmenden. Alle Menschen haben Sorgen und Ängste, die sich in Ideen und Gedankenkonstrukten äußern. Diese wurden in der Kindheit entwickelt, sind oft dysfunktional und entziehen sich unserer Beeinflussung, das heißt sind unbewusst. Wir Menschen werden von diesen Ideen gesteuert, sie bestimmen unser Verhalten mit. Immer wenn eine Person versucht ihre „Komfortzonen“, also den Zustand, indem sie sich mit all ihren Ängsten und Sorgen am wohlsten und ungestörtesten fühlt, zu durchbrechen, kommt sie in einen Zustand des Ungleichgewichts. Manche Menschen erfüllt dieser Zustand mit einem Gefühl von Freude, Neugier oder Lust. Bei anderen verstärkt er eher die körpereigenen Abwehrmechanismen. Gefühle der Angst, der Unsicherheit, der Minderwertigkeit kommen auf, der Körper zeigt deutliche Reaktionen wie Transpiration, Zittern, Wechsel von Hitze- und Kälteempfinden usw.

Eine Teilnehmerin macht sich gerade bereit für den Vertrauensfall, sie steht schon oben, aber zögert noch. Sie bekommt weiche Knie, im Kopf sagt die ganze Zeit eine Stimme „Du schaffst es nicht“ und ein mulmiges Gefühl entsteht in der Magengegend.

Diese Abwehrmechanismen werden umso stärker, je mehr ein Teilnehmer herausgefordert wird. Erst wenn jemand seine Abwehrmechanismen und deren Hintergründe kennt und versteht, ist er in der Lage, diese Mechanismen zu überdenken und infrage zu stellen.

Solche Verhaltensschemata werden dann am deutlichsten, wenn sich eine Person in der entscheidenden Phase der Aktion befindet. Sie werden aktiv, bevor jemand die Entscheidung trifft anzufangen, abzubrechen oder durchzuhalten und vielleicht Erfolg zu haben.

In dieser Situation, E–1 (Erfolg minus 1), kann die Spielleitung nun intervenieren und die Person fragen, was sie gerade empfindet, wie sie sich fühlt. Findet eine Auseinandersetzung mit dieser Situation erst später statt, befindet sie sich bereits wieder in einem anderen Gemütszustand, der Prozess ist ihr nicht mehr so präsent wie in der Situation E–1. Für die Bewusstmachung während der Aktion reicht „ein kurzer Moment“, in dem die Person möglicherweise nur mit wenigen Worten ihren momentanen Gemütszustand beschreibt. Danach wird die Aktion fortgesetzt und die Person entscheidet, ob sie sich fallen lässt oder wieder hinuntersteigt.

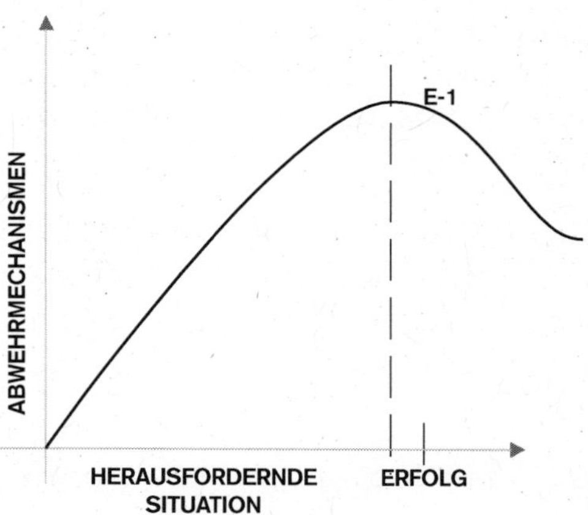

In der späteren Reflexion kann dank dieser Intervention dann versucht werden, Abwehrmechanismen bewusst zu machen und diese möglicherweise zu verändern. Wichtig für diese Interventionsform ist der richtige Zeitpunkt, die Situation E–1.

In manchen Fällen reichen ein paar Minuten jedoch nicht und die Person hat ein starkes Redebedürfnis. In solchen Fällen kann das Spiel auch abgebrochen und direkt in die Reflexionsphase übergegangen werden.

Im Mittelpunkt dieses Konzepts stehen die Erfahrungen der Teilnehmenden. Die Aktivitäten sind bestenfalls Hilfsmittel und können jederzeit zugunsten einer Lernerfahrung beendet werden. Ein solcher Ansatz erfordert von den Leitungspersonen allerdings ein hohes Maß an „awareness" – eine Aufmerksamkeit dafür, was im Prozess mit und bei den Teilnehmern tatsächlich geschieht (vgl. Gilsdorf 2004, 119ff.).

5. Das Spiel abbrechen und in die Reflexion einsteigen

Der Spielabbruch ist die stärkste Form der Intervention. Er ist nur dann sinnvoll, wenn die Aufgabe nicht zu der Gruppe passt. Doch welche Möglichkeiten hat die Spielleitung, wenn sie bemerkt, dass die Gruppe mit der Aufgabe nicht zurechtkommt? Und vielleicht noch entscheidender, woraus lässt sich dies schließen?

Dazu lassen sich keine eindeutigen Kriterien aufstellen, da Situation und Gruppe die entscheidenden Faktoren für die jeweilige Beurteilung sind. Sicherlich sind ein gewisses Konfliktpotenzial, erste Frustrationen und Probleme noch kein Grund, eine Aufgabe abzubrechen. Wenn die Gruppe heftig diskutiert oder aufgrund fehlender Kommunikation Schwierigkeiten mit der Aufgabe hat, einzelne Spieler sich ausklinken etc., bleibt der Spaßfaktor wahrscheinlich gering, aber der Lernprozess wird vielleicht noch intensiver. Der eigentliche Grund ein Spiel abzubrechen ist gegeben, wenn die Spieler unglücklich mit der Aufgabenstellung/dem Spiel an sich sind. Wahrscheinlich bedarf es einiger Erfahrung, um den Unterschied zu erkennen, zwischen einer Gruppe, die verzweifelt versucht, eine Aufgabe zu lösen, und mit dem Spielverlauf unglücklich ist, und einer Gruppe, die mit der Aufgabenstellung unglücklich ist.

Eine Gruppe bekommt die Aufgabe, mit vorhandenen Brettern und Autoschläuchen ein Floß zu bauen. Es dauert einige Zeit bis sich einige halbherzig mit dem Problem beschäftigen. Andere fangen an, Steine in den Bach zu werfen. Auch die Spieler, die mit der Problemlösung angefangen haben, hören schnell wieder auf und alle Teilnehmer befinden sich in einer gereizten, resignativen Stimmung. Es kommt zu den ersten Konflikten, die sich aber nicht auf die Aufgabe beziehen.

In diesem Fall empfiehlt es sich, die Aufgabe abzubrechen und nachzuforschen, warum die Gruppe augenscheinlich so wenig mit dem Spiel anfangen kann. Vielleicht existiert innerhalb der Gruppe ein anderes bestimmendes Thema, das noch nicht aufgearbeitet wurde und die Konzentration der Gruppe hemmt. In diesem Fall hätte die Aufarbeitung dieses Themas Priorität und der Floßbau wäre zweitrangig.

Die Entscheidung, inwieweit eine Aufgabe abgebrochen werden sollte, bedarf des Fingerspitzengefühls. Als entscheidendes Indiz sollte immer das eigene Empfinden stehen. Wer die Gruppe beobachtet und dabei ein ungutes Gefühl hat, sollte sich nicht davor scheuen, das Spiel zu verändern oder sogar abzubrechen.

Spielende

Wann ist ein Spiel eigentlich zu Ende? Diese Frage mag auf den ersten Blick ziemlich banal klingen. Doch sie ist berechtigt. Generell gibt es vier verschiedene Möglichkeiten, wie ein Spiel enden kann:

1. Die Gruppe hat die Aufgabe gelöst.
2. Die Gruppe beendet das Spiel, sei es weil sie mit dem erzielten Ergebnis zufrieden ist oder weil sie aufgibt.
3. Die Spielleitung bricht das Spiel ab, da die Gruppe mit der Aufgabe völlig über- oder unterfordert ist.
4. Das eigentliche Ziel ist erreicht, die Spielerinnen und Spieler haben wichtige Erfahrungen gesammelt, deren Reflexion nun sinnvoller ist, als die Weiterführung des Spiels.

Zu 1.: Die wohl eindeutigste Möglichkeit ist die, dass die Gruppe das bestehende Problem gelöst hat.

Das „Spinnennetz" ist definitiv dann zu Ende, wenn die Gruppe es geschafft hat, durch die einzelnen Öffnungen zu gelangen, und komplett auf der anderen Seite steht.

Zu 2.: Viele Spiele basieren nicht auf einer einmaligen Problemlösung, sondern darauf, dass die Gruppe eine Aufgabe ständig wiederholt und dabei versucht, ihre vorherige Leistung zu verbessern. Bei diesen Spielen ist die Frage nach dem Ende nicht so leicht zu beantworten. Ausschlaggebend für die Beendigung eines Spiels ist immer die Zufriedenheit der Gruppe. Die Spielleitung sollte nicht anfangen, die Leistungen der Gruppe zu bewerten, da dies die Aufgabe der Gruppe ist. Sobald diese vollkommen zufrieden mit dem Ergebnis des Spiels ist, ist das Spiel zu Ende.

Die Teilnehmenden einer Gruppe bekommen die Aufgabe, so viele Füße wie möglich hochkant aufeinanderzustellen („Schuhtower"). Nach dem ersten Versuch fragt die Spielleitung die Gruppe, ob die bisherige Anzahl an übereinanderstehenden Füßen noch zu überbieten sei. Die Gruppe stimmt zu und startet einen weiteren Versuch, in dem sie das vorherige Ergebnis deutlich übertrifft. Nach jedem Durchgang fragt die Leitung, inwieweit die Spielerinnen und Spieler mit ihrem Ergebnis zufrieden sind oder glauben, es noch verbessern zu können. Sobald die Gruppe meint, den höchstmöglichen Punkt erreicht zu haben, ist das Spiel beendet.

Wenn eine Gruppe der Meinung ist, eine Aufgabe nicht lösen zu können und aufhören möchte, ist ein Spiel ebenfalls zu Ende. Die Spielleitung sollte hierbei darauf achten, dass die Gruppe diese Entscheidung einstimmig trifft. Solange einzelne Personen noch nicht dazu bereit sind, das Spiel abzubrechen, sollte dies auch nicht geschehen. Die Gruppe muss sich dann damit auseinandersetzen, wieso einige die Aufgabe für nicht lösbar halten und andere nicht. Wenn eine Gruppe sich entscheidet, ein Spiel abzubrechen, ist das allein die Angelegenheit der Gruppe und die Spielleitung sollte dies nicht bewerten, sondern sich in der Reflexion mit den Teilnehmenden darüber auseinandersetzen.

Zu 3.: Eine weitere Möglichkeit der Beendigung eines Spiels ist der Abbruch seitens der Spielleitung. Deren Beweggründe sind unter dem Punkt „Interventionen" bereits geschildert worden. Die endgültige Entscheidung für den Spielabbruch sollte die Spielleitung aber der Gruppe überlassen und diesen Punkt als Angebot bzw. Option in die Spielerrunde geben.

Während der oben geschilderten Situation des Floßbaus sollte die Spielleitung die Aufgabe nicht einfach beenden, sondern die Entscheidung in die Gruppe geben. Dies könnte beispielsweise so geschehen, dass der Spielleiter alle Beteiligten versammelt und sagt: „Ich habe momentan den Eindruck, dass ihr mit der Aufgabe nichts anfangen könnt oder keine Lust dazu habt. Wenn ihr wollt, können wir an dieser Stelle auch abbrechen und uns darüber austauschen, was gerade in der Gruppe los ist. Aber wie ihr euch auch entscheidet, es sollte einstimmig sein, das heißt, alle sind damit einverstanden abzubrechen oder alle wollen noch weitermachen."

Zu 4.: Ein Spiel ist auch dann zu Ende, wenn das Ziel des Spiels erreicht wurde. Es kommt jedoch häufig vor, dass bei den einzelnen Maßnahmen und besonders bei den Spielleitern die Spielfreude überwiegt. Manchmal ist das eigentliche Ziel einer Spielkette schon nach der ersten Aufgabe erreicht und es existiert eine Vielzahl von Erfahrungen und Erlebnissen, die darauf warten reflektiert zu werden. Oft traut sich die Spielleitung dann nicht, die restlichen Spiele verfallen zu lasen oder sogar ein Spiel abzubrechen. Es bedarf sicherlich eines gewissen Mutes dazu und oft war die Vorbereitung und Planung der Maßnahme auch mit zahlreichen Mühen verbunden, die nun auf den ersten Blick umsonst scheinen. Aber die Spielleitung sollte deshalb nicht auf die Chance verzichten, sich mit bestehenden Erlebnissen der Teilnehmenden auseinanderzusetzen. Häufig entstehen bei den Spielerinnen und Spielern wichtige Eindrücke, die jedoch schnell wieder in Vergessenheit geraten, wenn die Reflexionsphase zu lange hinausgeschoben wird.

Die Aktionsphase

Die Spielleitung als teilnehmende Beobachter

- Für alle Beteiligten wahrnehmbar präsent sein
- Darauf achten, so wenig unbeabsichtigte Signale wie möglich zu geben (Seitengespräche vermeiden, nicht rauchen, keine Ruheposition einnehmen usw.).
- Spielgeschehen beobachten und mögliche Themen für die Reflexion überlegen (siehe Beobachtungsfragen)
- „Wohlwollende Distanz“ zum Spielgeschehen einnehmen
- Gruppenprozess ungehindert seinen Lauf lassen
- Gruppe Raum zum Ausprobieren und Experimentieren lassen
- Flexibel auf das Gruppengeschehen reagieren
- Aufmerksam sein und eventuell situationsbezogen intervenieren
- Interessante Lernchancen möglicherweise durch geeignete Interventionsform hervorheben
- Bestimmte Interaktionsmuster transparent machen
- Immer vor Augen halten, was wichtiger ist, das Spiel oder die Inhalte
- Sicherheit aller Beteiligten gewährleisten
- Gefahrenpunkte im Auge behalten und dort präsent sein
- Hilfestellung geben, Sicherheitsvorkehrungen treffen
- Klares Ende setzen
- Bei Beendigung des Spiels Signal geben und wieder die Moderation übernehmen

(Vgl. auch NEPAL, unveröffentlichte Arbeitsblätter)

Die Reflexionsphase

Die Reflexionsphase

„Ein kluger Mensch macht nicht alle Fehler selbst. Er gibt auch anderen eine Chance.“
(Frei nach Winston Churchill)

Eine Person befindet sich mit einem Boot auf einem großen ruhigen See und angelt. Zuerst beobachtet sie die Oberfläche und hält Ausschau, wo wohl die größten und besten Fische sind, und kreist sie dann langsam ein. Um diese aber auch zu bekommen, bleibt ihr nur die Möglichkeit, die Angel auszuwerfen und darauf zu warten, ob der Fisch nach der Angel schnappt oder seiner Wege zieht.

Bei der Reflexion ist es ähnlich wie beim Fischen auf einem See. Die Spielleitung ist die Person in dem Boot, die genau darauf achten muss, wo auf dem See, der das Feld der möglichen Erfahrungen und Erlebnisse der Spielerinnen und Spieler darstellt, sich die Fische befinden. Dann kann sie durch bestimmte Methoden und Techniken versuchen, die wichtigsten Themen „einzukreisen“. Aber sie kann nur bedingt Einfluss darauf nehmen, ob die Teilnehmenden sich auf das Angebot einlassen und sich mit ihren Erfahrungen und Erlebnissen bewusst auseinandersetzen oder nicht (vgl. Rohnke/Butler 1995, 34).

Diese Metapher verdeutlicht sehr schön die Rolle und Aufgabe der Spielleitung in der Reflexionsphase, wobei die Allegorie dann auch zu Ende ist, da die Beteiligten am Ende nicht wie Fische jämmerlich am Haken zappeln sollen. Neben der Rolle der Spielleitung geht es in diesem Kapitel noch um Grundregeln der Reflexion, Vorgehensweisen, wie man was fragen kann, und generelle Tipps für die Durchführung von Reflexionen.

Rolle und Aufgabe der Spielleitung

Zu Beginn der Reflexionsphase gibt die Spielleitung ihre eher passive Beobachtungsrolle während der Aktion auf und leitet mit gezielten Impulsen die Reflexion ein. Ihre Aufgabe ist es, die Spielerinnen und Spieler auf die anstehende Reflexion einzustimmen und einen Rahmen abzustecken, in dem sich die Teilnehmenden sicher fühlen können. Das ermöglicht die Bereitschaft der Einzelnen, sich zu öffnen und miteinander in den Dialog zu treten. Einige dieser Grundprinzipien, die für die Reflexion gelten sollten und eine Atmosphäre der Sicherheit und des Vertrauens fördern, sind:

- Das Prinzip „Challenge by Choice“, das heißt, jeder nimmt an dem Prozess in dem Maß teil, wie er es möchte. Jede Person ist für sich selbst verantwortlich. Es liegt in der Eigenverantwortung des Einzelnen, ob und wie er sich an dem Prozess beteiligt.
- Alle Teilnehmenden gehören zur Gruppe, egal welche Probleme durch einzelne Mitglieder entstehen sollten. Nur die Spielleitung ist in der Lage, dies zu ändern.

- Alles, was innerhalb der Gruppe besprochen wird, ist Angelegenheit der Gruppe und dringt nicht nach außen, es sei denn die betroffene Person gibt dazu ihre Einwilligung.
- Es gibt mehr als eine Wahrheit. Meinungen und Wahrnehmungen von Teilnehmenden sollten als persönliche Sichtweise akzeptiert werden. Im Mittelpunkt steht der Versuch, die anderen zu verstehen und nicht diese zu beurteilen.
- Gewalt, auch verbaler Art, ist nicht akzeptabel.
- Immer nur eine Person spricht, die anderen versuchen zu verstehen, was diese Person ihnen mitteilen möchte.
- Es wird vom Positiven ausgegangen, dass jeder sein Bestes zum Prozess beiträgt und alle sich im Rahmen ihrer Möglichkeiten beteiligen.

Inwieweit die Spielleitung diese Prinzipien explizit erklärt oder nicht, ist nicht so entscheidend wie die Bedingung, dass sich die Spielleitung selbst an diese Regeln hält, da sie eine ganz klare Modellfunktion besitzt. Sie kann von der Gruppe nicht ein Verhalten erwarten, zu dem sie selbst nicht bereit ist.

Nachdem eine Atmosphäre der Sicherheit und des Vertrauens in der Reflexionsphase gefördert und etabliert wurde, sollte sich die Spielleitung wieder mehr und mehr zurücknehmen. Ihre Rolle ist die einer sensiblen Moderation, indem sie den Teilnehmenden zuhört und sie in ihrem Bestreben, ihr jeweiliges Ziel zu erreichen, unterstützt. Die Spielerinnen und Spieler sind für sich selbst verantwortlich und es ist wichtig, dass sie selbstständig Antworten auf ihre Fragen finden. Die Spielleitung sollte darüber hinaus wie ein Weber die Beiträge der einzelnen Personen miteinander verknüpfen, sodass diese zusammen etwas Neues, Ganzes ergeben. Ziel ist es, Beziehungen zwischen den einzelnen Beiträgen herzustellen und die Spielerinnen und Spieler zu ermutigen, sich direkt aufeinander zu beziehen.

Ein gutes Indiz dafür, ob dies gelungen ist, ist die eigene Redezeit. Sollte die Spielleitung merken, dass sie die meiste Zeit redet, wichtige Dinge benennt und Lernziele hervorhebt, ist dies meist ein Zeichen für die Notwendigkeit, das eigene Gesprächsverhalten kritisch zu überprüfen.

Die Rolle der Spielleitung verändert sich also im Lauf der Reflexion. Von einer zentralen Figur, die im Mittelpunkt steht und Vorgaben macht, hin zur Moderation, bei der sie sich allmählich zurücknimmt und möglichst alle Teilnehmenden in das Gespräch mit einbezieht.

Grundregeln einer Reflexion

Während der Reflexion muss die Spielleitung verschiedenste Anforderungen erfüllen. Viele davon sind rollenabhängig und verändern sich im Lauf des Prozesses, aber es gibt auch zentrale Anforderungen, deren Umsetzung über die gesamte Dauer der Reflexion hinweg Aufgabe der Spielleitung ist.

Aktives Zuhören

Aufgabe der Spielleitung ist es teilnehmer zentriert aktiv zuzuhören. Besonders in der Reflexionsphase muss die Spielleitung den Teilnehmenden aufmerksam zuhören, um die passenden Fragen zu stellen und um deren Bedürfnisse und Wünsche zu verstehen und zu erkennen. Oft formulieren die Teilnehmenden ihr eigentliches Anliegen nicht konkret und die Spielleitung ist gefordert, zwischen den Zeilen zu lesen und das Wesentliche herauszuhören.

Die Basis des aktiven Zuhörens sind die Werte Akzeptanz und Empathie. Es ist ganz wichtig, dass die Spielleitung die Beteiligten so akzeptiert, wie sie sind, und versucht, sich in deren Denken hineinzuversetzen und sie zu verstehen. Ohne die Grundlage/das Fundament der Wertschätzung und Empathie reduziert sich die Gesprächsführung auf eine rein mechanische, im Sinne einer Technik angewandte Form. Diese mag zwar dazu geeignet sein, Informationen zu erfragen, die emotionale Basis für eine Atmosphäre des Vertrauens wird sich so jedoch kaum herstellen lassen. Wichtig ist es hierbei, kongruent zu bleiben, denn Teilnehmerinnen und Teilnehmer besitzen in der Regel sensible Antennen dafür, ob die Spielleitung sich authentisch verhält, und reagieren dementsprechend.

Die Spielleitung sollte sich über die Wirkung ihres eigenen Verhaltens bewusst sein.

Die wesentlichen Merkmale bei der Umsetzung des aktiven Zuhörens sind folgende:

- **Blickkontakt/Zugewandtheit:** Die sprechende Person soll wissen und fühlen, dass ihr wirklich zugehört wird, dass da jemand ist, der sich auf das Gesagte konzentriert.
- **Bestätigung:** Um die sprechende Person über den Blickkontakt hinaus zu unterstützen, ist es hilfreich, ihr Minimalbestätigungen zu geben: kurze Äußerungen oder Körpersignale wie Kopfnicken etc.. Dabei ist es wichtig, dass die Spielleitung sich während des Zuhörens wirklich auf die sprechende Person konzentriert und nicht mit den Gedanken woanders ist oder schon überlegt, was und wie sie antworten möchte.
- **Kongruenz/Echtheit:** Die eigenen Äußerungen sollten authentisch sein und nichts vortäuschen. Wenn die Spielleitung beispielsweise nicht sicher ist, von welcher „markanten" Spielsituation ihr Gegenüber spricht, sollte sie dieses Gefühl der Unsicherheit nicht durch allgemeine Floskeln und eine souveräne Haltung kaschieren, sondern die Person fragen, welche Situation sie meint.
- **Zurückhaltung und Geduld:** Wenn die Person ihren Redefluss unterbricht, sollte die Spielleitung nicht direkt etwas erwidern, sondern zunächst abwarten, um der Person die Möglichkeit zu geben, weitersprechen zu können.
- **Spiegeln und verbalisieren:** Nachdem die Person geendet hat, ist es oft hilfreich das Gehörte noch einmal in eigenen Worten wiederzugeben. Dadurch können Missverständnisse verhindert werden und die Person fühlt sich bestätigt und verstanden.

Feedback als Methode

Eine weitere wichtige Methode in der Reflexion ist das Feedback. Dieses wird systematisch und nach bestimmten Regeln eingesetzt. Es dient dazu, „emotionale Zustände und Beziehungen zwischen den Gruppenmitgliedern zu verbessern und damit gleichzeitig eine optimale Grundlage für das Lernen zu schaffen" (Keller/Novak 1979, 119). Die einzelnen Teilnehmerinnen und Teilnehmer sollten sich in ihren Redebeiträgen direkt aufeinander beziehen, ohne den Umweg über die Spielleitung. Aber nicht jede direkte Rückmeldung ist sinnvoll für das Gespräch und fördert die Diskussion. Mit der Methode des Feedbacks ist es möglich, die positive Wirkung direkter Rückmeldungen zu fördern und negative Effekte zu vermindern. So können positive Verhaltensweisen gestützt und gefördert und unangemessene korrigiert werden, ohne dass sich die Teilnehmenden angegriffen fühlen müssen. Ein weiterer Vorteil des Feedbacks ist die Klärung der Beziehung zwischen den Personen.

Inwieweit bestimmte Regeln des Feedbacks explizit eingeführt werden, ist jeweils abhängig von der Gruppe und der Spielleitung. Grundprinzipien eines positiven Feedbacks sind:

- Die Rückmeldung sollte erwünscht sein. Ein Feedback ist meistens nur sinnvoll, wenn die betreffende Person eine Rückmeldung haben möchte.

- Ein Feedback sollte immer subjektiv, das heißt als Ich-Botschaft formuliert werden. Aufgabe der Rückmeldung ist es, der betreffenden Person die Möglichkeit zu geben, Informationen zu bekommen, und nicht, die Person zu bewerten.
- Die Rückmeldungen sollten sich auf konkrete Situationen beziehen und nicht verallgemeinern.
- Sinn eines Feedbacks ist die Klärung gegenseitiger Wahrnehmungen. Wie war es gemeint und wie ist es verstanden worden? Wichtig ist die Berücksichtigung der Interessen aller Beteiligten.
- Das Feedback muss konstruktiv und auf die Verbesserung der Kommunikation ausgerichtet sein. Die betreffende Person sollte die Möglichkeit haben, die Rückmeldung positiv umsetzen zu können.
- Ein Feedback muss immer einen positiven Anteil haben und nicht nur Kritik beinhalten.
- Das Feedback ist eine Hilfe für die betreffende Person. Rückmeldungen, deren eigentliches Ziel es ist, sich selbst ins rechte Licht zu rücken, sind fehl am Platz.
- Das Feedback muss zur rechten Zeit geschehen. Sinnvollerweise ist dies relativ nah am eigentlichen Geschehen, aber hierbei spielt auch die Bereitschaft der betreffenden Person eine Rolle, wann diese ein Feedback bekommen möchte und wann nicht.

(Vgl. Antons 1998, 98 – 111)

Bedürfnisorientierung

Die Spielleitung sollte darauf achten, dass die Teilnehmenden jederzeit das Gefühl haben, die Kontrolle über das Geschehen zu besitzen und nicht zu etwas gezwungen werden. Falls die Spielleitung ein Thema gewählt hat, das sich nicht an den Bedürfnissen der Anwesenden orientiert, wird dies in dieser Runde spürbar. Die Gruppe zeigt sich nicht sehr gesprächig oder versucht, Situationen umzudeuten oder zu leugnen. In solchen Fällen sollte die Spielleitung nicht auf ihren Vorgaben beharren, sondern ein anderes Thema wählen, da eine direkte Konfrontation für den angestrebten Lerneffekt nicht besonders förderlich ist.

Gewähr von Neutralität

Die Spielleitung sollte sich neutral verhalten und alle Teilnehmenden unterstützen, ohne sich bei Kontroversen auf eine bestimmte Seite zu stellen. Die Grenze dieser Forderung ist nur dann erreicht, wenn einzelne Personen gegen eine der Grundregeln verstoßen und versuchen Gruppenmitglieder auszuschließen oder zu beleidigen. In diesen Fällen hat die Spielleitung ganz klar Stellung zu beziehen, um die Atmosphäre und das Gruppenklima nicht zu gefährden.

Auch die Beurteilung des Spielergebnisses verlangt Neutralität. Die Spielleitung sollte versuchen, auf Bewertungen zu verzichten, und die Gruppe so anregen, sich selbst eine Beurteilung zu geben. Auch das wohlmeinende Lob an die Gruppe, eine Aufgabe hervorragend gelöst zu haben, ist daher kritisch zu sehen. Durch negative wie positive Kommentare nimmt die Spielleitung die Position ein, für die Spielerinnen und Spieler zu entscheiden, ob sie zufrieden sein können oder nicht. Vielmehr sollte es Ziel sein, die eigene Urteilsfähigkeit der Teilnehmenden zu fördern. Sonst wird die Gruppe auch bei zukünftigen Aufgaben ihre eigene Leistung von der Beurteilung der Spielleitung abhängig machen.

Es gibt hierbei jedoch auch Ausnahmen. Generell ist es günstiger, wenn die Beteiligten selbst Kritik an ihrer Leistung üben oder überlegen, wo und wie sie sich verbessern können, und dies nicht durch Außenstehende geschieht. Dadurch wird gewährleistet, dass es sich um einen Lernprozess der Gruppe bzw. des Einzelnen handelt und nicht um einen Prozess, der verordnet wurde. Doch manche Gruppen sind dazu nicht in der Lage. Zum einen ist dies der Fall bei ganz neu zusammengekommenen Gruppen, in denen die Mitglieder noch keine festen Positionen haben, sich noch zu wenig kennen und sich die einzelnen Teilnehmer nicht trauen, eine gegenläufige Meinung zur Gruppe einzunehmen oder einzelne Personen zu kritisieren. Zum anderen gehören ganz enge Gruppen zu diesem Kreis. In Gruppen, in denen die einzelnen Mitglieder einen unheimlich intensiven, engen Kontakt untereinander und sehr viele Gemeinsamkeiten haben, herrscht meist ein extrem hoher Gruppendruck, der oft positiv, aber manchmal auch negativ sein kann. Innerhalb der Gruppe herrscht meistens die Meinung: „Unsere Gruppe hat einen super Zusammenhalt" – „Wir sind eine Spitzengruppe!" Das kann stimmen, muss aber nicht, und bei Letzterem trauen sich einzelne Gruppenmitglieder oft nicht, dies offen anzusprechen und sich gegen die Gruppe zu stellen.

In diesen Fällen ist es oft sinnvoll und zeitsparender, wenn die Leitung der Gruppe eine Fremdeinschätzung gibt. Diese sollte aber immer in Form eines Feedbacks (siehe oben) geschehen oder in Form von Fragen, die die Gruppe anregen, ihre Grundeinstellung zu überdenken. Wichtig ist hierbei aber, dass sich die Gruppe trotzdem akzeptiert fühlt und nicht das Gefühl bekommt, abgewertet worden zu sein.

Umgang mit Konflikten

Eine Gruppe von Jugendlichen ist tief empört über die Spielleitung. Diese hatte der Gruppe die Aufgabe gegeben, die „Wall", eine ca. zweieinhalb Meter hohe Bretterwand zu überqueren, ohne Hilfsmittel zu benutzen. Die Holzwand war so gebaut, dass auf der Rückwand eine Art Podest befestigt war, sodass für die Personen, die es geschafft hatten, die Möglichkeit bestand, den anderen von oben zu helfen. Im Lauf der Aufgabe wurde die Stimmung in der Gruppe immer intensiver und angespannter, da einige Gruppenmitglieder sehr große Angst hatten und sich zunächst nicht trauten, die Wand zu überqueren. Obwohl die Gruppe erfolgreich war, äußerten viele Spielerinnen und Spieler in der Reflexion ihr Unverständnis darüber, dass sie eine solche Aufgabe gestellt bekommen hatten.

Kooperative Abenteuerspiele versuchen, die Teilnehmenden herauszufordern, sie werden bewusst in eine für sie neuartige Situation gebracht. Es ist verständlich, dass nicht alle Beteiligten darüber dankbar und erfreut sind. Situationen wie oben beschrieben sind durchaus denkbar. In solchen Fällen ist die Spielleitung direkt gefordert. Einmal weil eine gute Beziehung zur Gruppe enorm wichtig ist, zum anderen durch den Modellcharakter der Situation, da die Spielerinnen und Spieler ihr Konfliktverhalten danach ausrichten werden, wie die Spielleitung mit Konflikten umgeht.

Zunächst ist es wichtig, dass die Spielleitung alle aufkommenden Konflikte direkt anspricht. Entscheidend für eine konstruktive Klärung ist die Grundhaltung der Spielleitung, nicht zu wissen, ob die Aufgabenstellung für diese Gruppe die richtige war, und dies dann gemeinsam mit den Teilnehmenden im Reflexionsprozess herauszufinden. Sie sollte versuchen, der Gruppe ihre Beweggründe zu erklären und die Teilnehmenden bitten, ihre Sichtweise darzustellen.

Die Spielleitung sollte den Spielerinnen und Spielern vermitteln, dass verschiedene Sichtweisen möglich und alle aus ihrer Perspektive heraus verständlich sind.

Die Spielleitung kann die Teilnehmenden anstoßen, die positiven Aspekte des Konflikts zu betrachten. So können diese Lernchancen entdecken, die ihnen die Situation geboten hat, Veränderungen, die durch die Konfrontation in Gang gesetzt wurden.

Ziel der Diskussion sollte es sein, jedem Teilnehmer und jeder Teilnehmerin die Möglichkeit zu geben, für sich selbst herauszufindenn wie der Prozess erlebt wurde, welche Potenziale es zu entdecken und Schwierigkeiten zu erarbeiten gibt. Es geht nicht darum, einen Konsens zu erzielen, anderen Sichtweisen überzustülpen, Schuldige zu finden …

Wichtig ist es, sich der Gruppe gegenüber offen und ehrlich zu verhalten und fähig zu sein, eigene Fehler einzugestehen. Die Teilnehmenden müssen erkennen können, dass es sich um eine partnerschaftliche Auseinandersetzung handelt.

Positiver Ansatz

Die Spielleitung sollte in der Reflexion die positiven Seiten der einzelnen Teilnehmenden und der Gruppe hervorheben. Selbst wenn Personen oder die gesamte Gruppe immer wieder zu bestimmten unangemessenen Verhaltensmustern neigen, z.B. während der Spiele immer nur einseitig kommunizieren und sich gegenseitig nicht zuhören, sollte die Spielleitung eine Situation auswählen, in der dies nicht der Fall war. Es geht nicht darum, Schuldfragen zu klären oder Probleme zu zerreden. In der Reflexion ist es wichtig, dass die Gruppe lösungsorientiert handelt und versucht Stärken auszubauen. Die Spielleitung hat die Aufgabe, die Teilnehmenden auf ihrem Weg zu begleiten. Dazu muss sie sich an Ressourcen orientieren und gemeinsam mit der Gruppe nach Lösungen suchen.

Die Themenwahl

Generell sollten alle aufkommenden Themen, Probleme und Fragen aus dem Spielgeschehen in der Reflexion bearbeitet werden. Dies könnten beispielsweise sein: Konflikte innerhalb der Gruppe, individuelle Gefühlszustände oder bestimmte Verhaltensweisen der Gruppe usw.

Grenzpunkte dieser Forderung sind zum einen aber die Kompetenzen und Fähigkeiten der Spielleitung und zum anderen deren Legitimation bzw. die Erlaubnis der Spielerinnen und Spieler. Die Spielleitung sollte nur Themen, Probleme und Fragen in der Reflexion aufgreifen, für deren Bearbeitung sie die notwendigen Fähigkeiten und Kompetenzen mitbringt.

Zu Beginn der Reflexion sollte die Spielleitung gemeinsam mit den Beteiligten klären, ob die Ereignisse während des Spiels auf der Sachebene, der Gruppenebene oder der Einzelebene thematisiert werden sollen.

Sachebene: Auseinandersetzung mit dem Spiel an sich. Inwieweit ist es anwendbar? Was ist zu beachten? Was ist bei der Spielanleitung zu bedenken?

Gruppenebene: Wie hat die Gruppe zusammengearbeitet? Welcher Kommunikationsstil war vorherrschend? In welcher Form wurde Führung übernommen? Welche Auswirkungen hatte das auf die Gruppe?

Einzelebene: Wie hat sich jeder Einzelne in der jeweiligen Situation verhalten? Wie ist der Einzelne mit möglichen Bedenken umgegangen? Warum hat der Einzelne so reagiert? War jeder mit seiner Rollenzuschreibung zufrieden?

Gruppen- und Einzelebene sind häufig nicht strikt voneinander zu trennen, da sie eng miteinander verknüpft sind. Wichtig ist der jeweilige Fokus. Ist es das erklärte Ziel, Gruppenprozesse zu beleuchten und festgefahrene Cliquen aufzubrechen, oder geht es um die Verhaltensmuster und Denkweisen der einzelnen Personen? Manchmal bedingt das eine auch das andere und die Reflexion entwickelt sich anders als geplant. Die Spielleitung sollte in solchen Fällen gemeinsam mit der Gruppe klären, auf welcher Ebene weitergearbeitet werden soll.

Eine weitere Schwierigkeit besteht darin, dass für Probleme auf der Einzel- oder Gruppenebene häufig inhaltliche oder sachliche Aspekte verantwortlich gemacht werden. Besonders wenn eine Gruppe ein Spiel nicht oder nur unter größten Anstrengungen und Mühen geschafft hat, beziehen die Teilnehmenden dies gern auf das Spiel und dessen Aufbau. Bemerkungen in dieser Richtung sollte die Spielleitung direkt unterbinden oder eigens ansprechen. Denn durch die Kritik am Spiel selbst, tritt das Agieren der Gruppe und der einzelnen Mitspieler in den Hintergrund und mögliche Lernchancen geraten aus dem Blickfeld.

Meist ist die Anzahl potenzieller Themen bei diesen Spielen immens. Um eine Reflexion so effektiv wie möglich zu gestalten, ist es jedoch wichtig, sich auf ein bis zwei Themenbereiche zu beschränken und die Beteiligten auf diese Aspekte zu konzentrieren. Daher ist die aufmerksame Beobachtung während der Aktion enorm wichtig. Aus den Informationen während des Spielgeschehens trifft die Spielleitung eine erste Themenauswahl für die Reflexion. Neben dieser direkten Fokussierung ist es wichtig, offen zu bleiben für Wünsche, Anregungen und Thematiken der Teilnehmenden. Diese haben meist das Bedürfnis, sich über ihre zum Teil sehr intensiven Erlebnisse während des Spielgeschehens auszutauschen. Alle nehmen das Spiel anders wahr, empfinden es unterschiedlich.

Während es einige als reinen Spaß ansehen, kostet es andere vielleicht eine große Überwindung, mit verbundenen Augen durch ein Waldstück zu laufen und dabei einem sehenden Gruppenmitglied zu vertrauen.

Vorgehensweisen in der Reflexion

„Was hat euch geholfen, die vorherige Aufgabe so zu lösen, wie ihr es getan habt?" – „Was ist euch an eurer Gruppe aufgefallen?" Reflexionen, die mit einer derartigen Frage beginnen, enden oft schon einige Minuten später. Ein Gruppenmitglied sagt vielleicht: „Na ja, Teamwork halt!". Dann ist es nicht selten der Fall, dass sich weitere 20 Teilnehmende dieser Meinung anschließen, womit die Reflexion in einer Sackgasse endet.

Spielleitungen, die bereits solche Erfahrungen gemacht haben, scheuen sich häufig, Reflexionsrunden durchzuführen und zu leiten. Es ist in der Tat ein anspruchsvolles Unterfangen eine Reflexion zu leiten, aber es ist weder Zauberei noch reine Intuition, sondern basiert, wie die ganze Spielleitung, auf bestimmten Theorien und Strategien. Kommen wir noch einmal auf die Eingangsfrage des oben genannten Beispiels zurück: Sie ist durchaus berechtigt, doch ihr Zeitpunkt war schlecht gewählt. Für die meisten Personen ist es ungewohnt, sich mit sich selbst auseinanderzusetzen. Sie fühlen sich überfordert und unwohl, wenn die Spielleitung unmittelbar auf bestimmte Themen und Probleme eingeht und diese anspricht. Daher ist es wichtig, die Beteiligten langsam an die entscheidenden Fragen und Thematiken heranzuführen und mit einfachen situationsbeschreibenden Fragen anzufangen.

What? So what? Now what?

Terry Borton hat ein Konzept zur Strukturierung von Reflexionseinheiten entwickelt. Es greift diesen Punkt auf und besticht durch seine Einfachheit. Von Priest und Gass wurde es durch den „Funneling Approach" erweitert. Die folgende Theorie ist ein Zusammenschluss von Bortons Theorie und dem Funneling Approach von Priest und Gass, da sich beide Konzepte hervorragend ergänzen.

Den Anfang einer danach strukturierten Reflexion bildet das „What?“. Die Spielleitung beginnt mit einer Sammlung von Eindrücken der Beteiligten: Wie haben diese die Aktion und bestimmte Situationen wahrgenommen? An die Gruppe gerichtete Fragen beziehen sich nur auf Fakten und sind rein deskriptiv. Das ermöglicht es, zu erkennen, wie die einzelnen Personen die Aktion erlebt haben, ob es unterschiedliche Wahrnehmungen gibt usw.

Wie hat euch das Spiel gefallen? Was ist dann passiert? Wie hat sich die Gruppe daraufhin verhalten? Was hast du in der Situation getan? Wie ist die Aktion abgelaufen?

Durch diese deskriptiven Fragen wird den Teilnehmenden der Einstieg in die Auseinandersetzung erleichtert, da es zunächst nur um „Tatsachen“ geht. Wichtig ist dabei, dass die Fragen offen sind, das heißt, nicht nur mit „Ja“ oder „Nein“ beantwortet werden können, sondern ein eigenes Statement erfordern.

Nach der Bestandsaufnahme beginnt der nächste Schritt, das „So what?“. Damit ist die Interpretation der Ereignisse gemeint. Es geht darum, dass die Teilnehmenden eine Beziehung zwischen dem Spielgeschehen und sich selbst herstellen. Die Fragen sollten so gestellt werden, dass die Beteiligten sich über ihre eigene Rolle und Verantwortung für das Spielgeschehen klar werden können.

Was hast du dazu beigetragen, dass das Spiel diesen Verlauf genommen hat? Wieso ist die Gruppe so vorgegangen? Wie würdest du eure Zusammenarbeit bewerten? Seid ihr zufrieden mit dem Spielverlauf? Welche Rolle hattest du während dieser Aktion und warum?

In dieser Phase beginnt die Analyse der Ereignisse. Inwieweit ist ein solches Verhalten typisch für einen selbst, für die Gruppe.

Für die nächste Phase charakteristisch ist das „Now what?“. Salopp übersetzt würde man wohl sagen „Und nun?“. Diese Formulierung ist insofern treffend, da es nun um die Umsetzung der neu erlangten Erkenntnisse geht: Was wollen die Teilnehmenden mit den neu erlangten Erkenntnissen anfangen, wie möchten sie damit umgehen? Es gibt zwei Möglichkeiten: Entweder so zu bleiben, sich so zu nehmen wie man ist oder es besteht der Wunsch, spezielle Verhaltensmuster, Denkbilder und Emotionen verändern zu wollen. Dazu gehören auch Überlegungen für die nächste Aktion. Die Spielerinnen und Spieler können sich selbst Ziele setzen, die sie im nächsten Spiel umzusetzen versuchen. Dies ist die Zeit des Experimentierens, des Ausprobierens.

Für eine Abschlussreflexion gilt, dass die zuvor generalisierten Erkenntnisse in die Realität übertragen werden.

Wenn wir dieses Spiel noch einmal spielen würden, was würdest du persönlich anders machen wollen? Welche Parallelen gibt es zwischen der Aktion und deinem Alltag? Gibt es etwas, das du hier gelernt hast und in deinem Beruf gebrauchen kannst? Wie möchtest du dich verhalten, wenn du wieder in dieser Situation bist? Was wirst du verändern, wenn du wieder zu Hause bist?

Wichtig ist, dass die Teilnehmenden selbst Verbindungen herstellen (vielleicht auch in Form einer Metapher). Sie müssen Parallelen finden, um neu erlernte Denkweisen und Verhaltensmuster im Alltag anwenden zu können. Die Spielerinnen und Spieler werden aufgefordert, die zuvor hergestellten Verbindungen zu konkretisieren und in Zielformulierungen umzuwandeln. Sie sollten ihre Antworten als Ich-Botschaften formulieren, um eine Abweichung in abstrakte Formulierungen zu vermeiden. Ziel ist es, dass die Teilnehmenden ganz konkrete Ziele wählen, die sie in nächster Zeit erreichen wollen.

Levels of processing

Das Modell der „Levels of processing“ (Luckner/Nadler 1997, 103ff.) ist etwas offener aufgebaut und betont die Entscheidungsfreiheit der Teilnehmenden, die gewonnenen Erkenntnisse selbst zu beurteilen.

In diesem Ansatz werden die vier Aspekte „awareness“ (Bewusstwerdung), „responsibility“ (Übernahme von Verantwortung), „experiment“ (Erproben alternativer Möglichkeiten) und „transfer“ (Bezug zu anderen Lebensbereichen) zusammen mit einer Betonung der Freiheit der Wahl („choice“) als kritische Elemente eines gemeinsamen Reflexionsprozesses hervorgehoben.

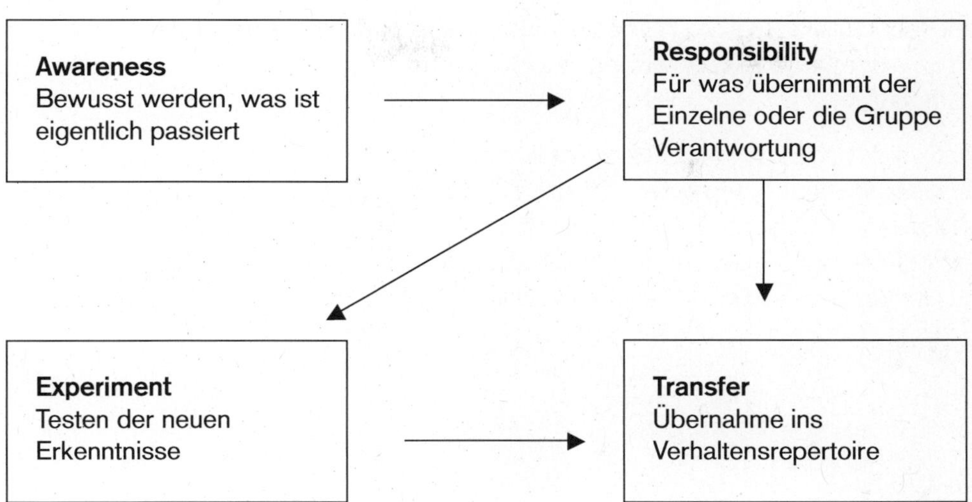

Auch dieses Modell beginnt mit einem Austausch der einzelnen Beobachtungen und Wahrnehmungen. Nachdem allen Beteiligten der Spielverlauf wieder präsent ist und alle wissen, was passiert ist, sollen die Teilnehmenden überlegen, wie sie das Erlebte bewerten. In dieser Phase geht es vornehmlich um eine Klärung, wie und warum das Spiel so verlaufen ist und wer die Verantwortung dafür trägt.

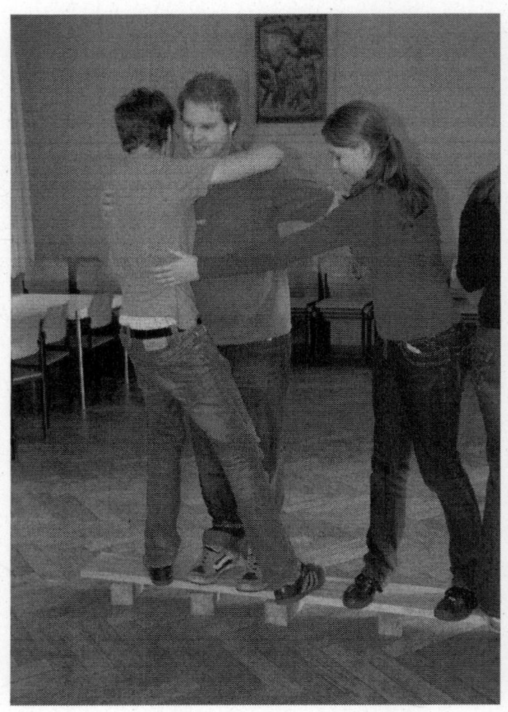

Während einer Aufgabe hat eine Gruppe große Probleme, sich auf mehreren nebeneinanderliegenden Brettern nach einer bestimmten Ordnung aufzustellen, ohne dabei den Boden zu berühren. In der anschließenden Reflexion machen die Teilnehmenden zunächst die schmalen Bretter dafür verantwortlich, dass so häufig jemand von der Bank gefallen ist und die Gruppe deswegen neu beginnen musste.

Die Spielleitung hakt an dieser Stelle nach und fragt die Gruppe, worin genau die Schwierigkeit für die Teilnehmenden bei dieser Aufgabe bestand. Mit der Zeit wird klar, dass das Hauptproblem nicht die Bretter, sondern die mangelnde Planung und die fehlende Unterstützung der Spielenden durch die Danebenstehenden war.

Die Teilnehmenden tauschen sich darüber aus, ob nun die Koordinationsfähigkeit der Gruppe oder eher die Kommunikation verbessert werden müsste, indem jeder Einzelne gefordert ist, sich besser mit den anderen abzusprechen.

Darüber hinaus betont dieses Modell explizit die Möglichkeit, mit verschiedenen Ideen und Lösungsmöglichkeiten zu experimentieren. Mögliche Fragen in dieser Phase könnten sein: Welche Möglichkeiten habt ihr noch, um so etwas wie eben zu verhindern? Wie könntet ihr vorgehen, um alle aktiv an dem Prozess zu beteiligen? Was wollt ihr machen, wenn ihr merkt, dass ihr wieder in dasselbe Muster wie beim letzten Spiel verfallt?

In der letzten Phase dieses Modells müssen die Teilnehmenden dann selbst für sich entscheiden, was und wie sie die gewonnenen Erkenntnisse aus dem Spielgeschehen und der anschließenden Reflexion in ihr Verhaltensrepertoire übernehmen möchten oder nicht.

Eine Gruppe von Jugendlichen scheitert bei der letzten Aufgabe einer Spielkette, die aus mehreren Abenteuerspielen besteht. Zunächst sind alle sehr frustriert, da die Gruppe alle bisherigen Aufgaben mit Bravour gelöst hat.

Während der Reflexion kommt die Gruppe aber zu der Einsicht, dass alle Beteiligten bereits sehr müde waren und die meisten sich nicht mehr ausreichend konzentrieren konnten. Die Teilnehmenden beschließen, diese Aufgabe nicht zu ernst zu nehmen und sich darauf zu konzentrieren, was sie im Vorfeld alles geschafft haben.

Einsatz von Reflexionsmethoden

Reflexionen müssen nicht zwangsläufig langatmige Gesprächsrunden sein, die den Spielfluss permanent unterbrechen und in denen mögliche Erlebnisse unnötig zerredet werden. Im Gegenteil, Reflexionen können auch witzig und nett sein. Möglich wird dies neben der Etablierung einer angenehmen Gesprächsatmosphäre durch den Einsatz von Reflexionsmethoden. Der Einsatz von Methoden hat mehrere gute Gründe:

Reflexionsmethoden schaffen Vielfalt und Abwechslung

Reflexionen sollten einen festen Platz innerhalb eines Programms haben und sowohl im Anschluss an ein Abenteuerspiel als auch spontan möglich sein. Dazu müssen sie jedoch dauerhaft für alle Beteiligten interessant bleiben. Dies ist nur möglich, wenn diese abwechslungsreich gestaltet sind und genauso vielfältig erscheinen wie die Spiele selbst. Wenn die Spielleitung nach jedem Spiel eine Runde macht, in der die Spielerinnen und Spieler sagen sollen, wie sie sich gefühlt haben, wird die Bereitschaft, sich auf eine solche Runde einzulassen mit jeder weiteren Reflexion sinken. Durch den Einsatz von möglichst vielen verschiedenen Reflexionsmethoden vermindert sich dieses Gefühl der stetigen Wiederholung und die Teilnehmenden bleiben offen für die Auseinandersetzung.

Reflexionsmethoden machen Spaß
Oft reichen schon kleine Abwandlungen in der Gesprächsführung, um den Unterhaltungswert einer Reflexion deutlich zu erhöhen und die Aufmerksamkeit der Teilnehmenden aufrechtzuerhalten. Besonders effektiv ist der Einsatz animierender Materialien.

Die Spielleitung hat eine kurze Blitzlichtrunde geplant. Um diese etwas spielerischer zu gestalten, wird diese in Form einer Telefonumfrage abgehalten. Jede Person bekommt eine Minute lang ein altes Wählscheiben-Telefon und wird von der Spielleitung angerufen (natürlich jedes Mal mit einem vorherigen Anklingeln). In einem kurzen Telefonat erzählen die Teilnehmenden von ihren Eindrücken während des letzten Spiels. Danach legen sie auf und es klingelt bei der nächsten Person …

Spielerische Reflexionsimpulse federn den Bruch zwischen Aktion und Reflexion ab
Im Idealfall steigern Reflexionsmethoden die Bereitschaft der Beteiligten und motivieren diese zusätzlich. Möglich wird dies beispielsweise durch spielerische Reflexionsimpulse. Diese federn den Bruch zur eigentlichen Aktion ab und schaffen einen fließenden Übergang von Aktion zur Reflexion.

Im Rahmen einer Spielgeschichte unternehmen die Teilnehmenden eine fiktive Reise. Nach der erfolgreichen Bewältigung einer Aufgabe verteilt die Spielleitung viele verschiedene Postkarten auf dem Boden und leitet die folgende Reflexionsmethode mit einer spielerischen Erklärung ein: Auf jeder Reise ist es üblich, Postkarten zu verschicken. Daher möchte ich euch nun bitten, euch an diesem Kiosk hier eine Postkarte auszusuchen, die euren Verwandten und Bekannten zu Hause einen Eindruck vermittelt, wie es euch auf dem letzten Reiseabschnitt ergangen ist. Zusätzlich könnt ihr euch einen kurzen Text überlegen, der das Bild auf eurer Postkarte näher erläutert.

Die Spielleitung moderiert die Reflexion genauso wie ein Spiel oder eine Aufgabe und überträgt die spielerische Rahmengeschichte auf die Reflexion. Dadurch werden Spiel und Ernst kombiniert und die Spielerinnen und Spieler werden animiert, sich mit ihren Eindrücken während der letzten Aufgabe auseinanderzusetzen, ohne die Spielgeschichte verlassen zu müssen.

Reflexionsmethoden vermitteln der Gruppe einen guten Überblick
Durch Reflexionsmethoden können viele langatmige Gesprächsrunden verkürzt werden. Sie vermitteln Gruppe und Spielleitung einen guten Überblick über die Stimmung innerhalb der Gruppe und ermöglichen es, verschiedene Themen anzusprechen, ohne diese zu zerreden.

Reflexionsmethoden helfen sich auszudrücken
Die Frage „Wie hast du dich gefühlt?“ ist oft gar nicht so einfach zu beantworten. Das eigene Gefühl wirkt zunächst sehr diffus und ist schwer in Worte zu fassen. Der Ausdruck dieser Gefühle mithilfe kreativer Medien wie Gefühlskarten, Metaphern, Schlümpfen etc. schafft einerseits klare Grenzen und bietet andererseits kreative Spielräume. Durch die Auseinandersetzung mit der methodischen Präsentation findet automatisch eine Auseinandersetzung mit den eigenen Gefühlen statt und die Teilnehmenden können sich durch die Entscheidung für ein bestimmtes Medium klar werden, welche Punkte ihnen bezüglich ihrer Gefühle am wichtigsten sind. Einige Personen sind durch den Einsatz einer Methode möglicherweise überhaupt erst in der Lage, ihren Gefühlen durch die spielerische Leichtigkeit näherzukommen und diese dann auch adäquat auszudrücken.

Im Prinzip lässt sich jede der drei eben beschriebenen Phasen einer Reflexion methodisch ausgestalten. Aber Reflexionsmethoden können sich auch negativ auf den Verlauf einer Reflexion auswirken. Wenn die Teilnehmenden sich von einer Methode zu sehr eingeengt fühlen und nicht mehr das zum Ausdruck bringen können, was ihnen wichtig ist, stößt eine Methode an ihre Grenzen. Auch können einzelne Spielerinnen und Spieler im Glauben besonders kreativ sein zu müssen regelrecht unter Stress geraten und verschließen sich dadurch gegenüber der eigentlichen Reflexion.

Die Spielleitung sollte daher jederzeit in der Lage sein, eine Methode situativ zu verändern oder zu verwerfen, wenn der Eindruck entsteht, das zu behandelnde Thema könnte zu kurz kommen. Denn jede Methode ist letztendlich nur ein Mittel zum Zweck.

Praktische Tipps zur Durchführung einer Reflexion

Die folgenden Hinweise beziehen sich alle auf die Gesprächsrunde. Sie ist die klassische Form der Reflexion und ist in den meisten Methoden beinhaltet.

Rahmenbedingungen

- Die am besten geeignete Versammlungsform für eine Gruppendiskussion ist der Kreis (oder zumindest ein kreisähnliches Gebilde). Die Kreisform ermöglicht es, dass alle Beteiligten sich wahrnehmen und zuhören können.
- Die Teilnehmenden sollten sich darauf einigen, entweder zu stehen oder zu sitzen. Eine einheitliche Form ermöglicht einen besseren Blickkontakt. Die Spieler sollten sich nicht hinlegen, da eine solche Körperhaltung konzentrationshemmend wirkt.
- Wichtig ist, dass alle Beteiligten sich wohl fühlen können. Alle Grundbedürfnisse wie Hunger und Durst sollten befriedigt sein, sodass sich die Gruppe ganz auf das „Hier und Jetzt“ konzentrieren kann.

Zeitpunkt

- Die Nachbesprechung bzw. Reflexion sollte möglichst unmittelbar im Anschluss an die Spielaktion erfolgen. Denn je enger das Erlebnis mit der Reflexion verbunden ist, desto nachhaltiger.
- Bei ganz- oder mehrtägigen Maßnahmen tendieren viele Leitungsteams dazu, die Reflexionen auf den Abend zu verlegen. Dies kann den Nachteil haben, dass die Teilnehmenden müde und nicht mehr besonders konzentriert sind. Außerdem kann es vorkommen, dass die Zeitplanung nicht aufgeht und die Gruppe erst spät mit den Tagesaktionen fertig wird. Die Reflexion wird dann oft verschoben oder fällt sogar ganz weg.
- Es empfiehlt sich, stets eine Reflexionsphase anzuschließen. Die Spielerinnen und Spieler wissen dadurch, dass die Spiele thematisiert werden, und achten zum einen mehr auf das Spielgeschehen und sind zum anderen beruhigt, da sie wissen, dass alles noch einmal angesprochen werden kann.

Dauer

- Als Faustregel gilt, dass eine Reflexion ungefähr die gleiche Dauer haben sollte wie die vorangegangene Aktion. Hier ist die Spielleitung mit ihrer Intuition und Wahrnehmungsfähigkeit gefordert. Eine Reflexion sollte in erster Linie so lange dauern, wie die Beteiligten mit der Thematik beschäftigt sind. Es ist Aufgabe der Spielleitung, die Reflexion zum richtigen Zeitpunkt dem Ende näherzubringen. Indizien für einen solchen Moment können eine Steigerung der Geräuschkulisse sein oder einzelne Personen, die anfangen Seitengespräche zu führen, innerlich abzuschalten oder aggressiv zu reagieren.
- Eine Reflexion sollte immer ein klares Ende haben und nicht mitten im Prozess aufhören und abgebrochen werden. Daher ist es Aufgabe der Spielleitung, so abzuschließen, dass alle Beteiligten bereit sind, entweder im Programm fortzufahren oder dieses zu beenden. Eine Möglichkeit ist es, auf den Zeitrahmen hinzuweisen und gegen Ende noch einmal zu fragen, ob jemandem noch irgendwelche wichtigen Punkte am Herzen liegen. Sollten einzelne Personen noch einen erheblichen Redebedarf haben, muss die Spielleitung deren Bedürfnisse mit denen der Gruppe abwägen und die Einzelpersonen eventuell stoppen oder auf einen späteren Zeitpunkt (Einzelgespräch) verweisen.

Aufbau

- Die ersten Reflexionsrunden mit einer Gruppe sollten relativ einfach strukturiert sein und nicht zu sehr in die Tiefe gehen. Zu Beginn ist es nur wichtig zu zeigen, dass Reflexionen stattfinden. Dazu reichen auch schon kurze Stimmungsbarometer oder Ministatements in Form eines Blitzlichts. Mit der Zeit können die Runden dann komplexer und intensiver werden, wobei darauf zu achten ist, dass sie trotzdem klar und überschaubar bleiben.
- Wenn eine Gruppe neu zusammengekommen ist und die Teilnehmenden Probleme haben, sich zu artikulieren, empfiehlt es sich, zunächst mit nonverbalen Reflexionsmethoden zu starten und die Einheit so zu gestalten, dass die Spielleitung eine These in den Raum stellt, der die Spielerinnen und Spieler dann in unterschiedlichen Abstufungen zustimmen bzw. nicht zustimmen können. Sehr gut haben sich hier Methoden bewährt wie „Der Cäsar-Daumen", das „Punkte-Blitzlicht" (die Teilnehmenden geben mit ihren Fingern Punkte an: zehn bei voller Zustimmung, einen bei keiner) oder der „Hammelsprung" (die Teilnehmenden ordnen sich bei jeder von der Spielleitung aufgestellten These verschiedenen Zonen – einer Ja- bzw. Nein-Zone – zu, die durch ein gespanntes Seil voneinander getrennt sind).

- Um zu verhindern, dass sich die einzelnen Gruppenmitglieder gegenseitig beeinflussen, ist es hilfreich, Fragen, die an alle Spieler gerichtet sind, so zu stellen, dass alle gleichzeitig eine Antwort formulieren müssen. Bei nonverbalen Ausdrucksformen wird die Einflussnahme der restlichen Gruppenmitglieder verhindert, indem alle Beteiligten in der Entscheidungsphase ihre Augen schließen müssen.

Gesprächsführung

- Es ist wichtig, den Fokus der Redebeiträge auf das „Hier und Jetzt" zu richten. Wenn einzelne Personen zu sehr vom Thema abweichen oder einer Frage ausweichen, die für den Prozess wichtig ist, ist es Aufgabe der Spielleitung, sie auf ihren Anknüpfungspunkt zurückzubringen.
- Die Reflexion sollte möglichst für alle Beteiligten interessant bleiben. Sollte sich eine Gesprächsrunde zu einem Dialog verengen, an dem sich nur noch wenige beteiligen, muss die Spielleitung entweder diesen zu einem Ende bringen oder durch eingeschobene Blitzlichtrunden bzw. Themenwechsel versuchen, die übrigen Anwesenden wieder in das Gespräch zu integrieren.

- Die Fragen sollten so formuliert sein, dass der Fokus auf der Gruppe liegt und nicht auf der Spielleitung. Eine Formulierung wie z.B. „Mich würde interessieren, was euch gefallen hat“ provoziert andere Wortmeldungen wie beispielsweise „Jetzt hat noch einmal jeder die Möglichkeit, der Gruppe zu sagen, was ihm besonders gefallen hat“. Die erste Formulierung könnte zur Folge haben, dass die Teilnehmenden überlegen, was die Spielleitung gern hören möchte, wogegen die zweite dies zwar nicht völlig ausschließt, aber thematisch mehr die Gruppe fokussiert.

Die Reflexionsphase

Die Spielleitung als Moderatoren

- Rahmenbedingungen für eine Gesprächsrunde schaffen
  - Aufmerksamkeit auf sich ziehen
  - Kreisform als ideale Form des Gruppengesprächs
- Atmosphäre der Sicherheit und des Vertrauens schaffen
  - Sicherstellen, dass alle Grundbedürfnisse (Hunger, Müdigkeit, Bequemlichkeit etc.) gedeckt sind
  - Es gilt das Prinzip „Challenge by Choice“
  - Leitung als Vorbildfunktion
- Etablierung wichtiger Gesprächsregeln
  - Immer nur eine Person redet
  - Sicherstellen, dass alle zu Wort kommen können
- Aktion und Reflexion miteinander verbinden
  - Durch entsprechendes Setting/Reflexionsimpuls Brücke zum Spielgeschehen schlagen
  - Keine zu großen Zeitabstände zu der Aktion
  - Konzept der Abenteuerwelle beachten
- Möglichen Gesprächsverlauf antizipieren
  - Auf die Ziele und Erwartungen der Teilnehmenden achten
  - Verknüpfung der einzelnen Redebeiträge/Bezüge der Beteiligten untereinander herstellen
  - Sicherstellen, dass die Runde für alle Beteiligten interessant bleibt
  - Eventuell einzelne Personen gezielt ansprechen
- Auf den roten Faden achten
  - Begrenzung der Reflexion auf ein bis zwei wichtige Themen
  - Akzente in Form von Fragen stellen
  - Darauf achten, dass die Teilnehmenden nicht zu weit abschweifen
- Aktives Zuhören
  - Wertschätzend, empathisch und kongruent sein
  - Mit allen Sinnen präsent sein
  - Versuchen, zwischen den Zeilen zu lesen
  - Durch die eigene Gesprächshaltung die Teilnehmenden anregen, sich zu öffnen

Der persönliche Stil

Der persönliche Stil

„Jeder Jeck is anders.“
(Kölner Sprichwort)

Dieses Buch kann Ihnen die theoretischen Hintergründe, mögliche Vorgehensweisen und einige praktische Tipps an die Hand geben, um die Grundlagen einer ambitionierten Spielleitung zu schaffen. Jetzt liegt es an Ihnen, die hier vorgestellten Grundlagen und Gedankenanstöße mit Leben zu füllen und in die Tat umzusetzen. Denn nur so kann man wichtige Erfahrungen sammeln und Routine im Umgang mit diesen Spielen bekommen. Das bedeutet jedoch nicht, nun alle hier vorgeschlagenen Anregungen einfach zu übernehmen, sondern diese kritisch zu betrachten und in den eigenen persönlichen Stil zu integrieren. Denn neben der Theorie und den praktischen Überlegungen ist die Authentizität der Spielleitung von besonderer Bedeutung. Wenn die Spielleitung in ihrem Verhalten inkongruent ist, helfen alle Tipps und Anregungen nicht viel. Daher eine letzte Ermutigung zum Schluss: Versuchen Sie einmal zu umschreiben, wie Sie generell eine Spieleinheit leiten, welcher Ihr persönlicher Stil ist.

Das Verhalten eines Spielleiters lässt sich mit der Rolle eines Zirkusdirektors umschreiben, der sich immer wieder klar in den Mittelpunkt stellt und einen Rahmen vorgibt, in dem die Beteiligten dann frei handeln können. Er dirigiert mit sehr viel Feingefühl das Geschehen und beleuchtet mit dem Rampenlicht die wichtigsten Situationen und die dazugehörigen Akteure.

Eine andere Person agiert wie ein Schäferhund, der seine Herde hütet. Sie umschreibt zunächst den Rahmen, in dem sich die Beteiligten aufhalten können sowie alle notwendigen Regeln. Dann zieht sie sich völlig aus dem Geschehen heraus, beobachtet und bewacht ihre Gruppe von außen und achtet darauf, dass diese ungestört agieren kann.

Es handelt sich um zwei völlig verschiedene Vorgehensweisen und doch können beide sehr erfolgreich mit dem Medium kooperative Abenteuerspiele arbeiten, da beide so handeln, wie es zu ihrer Person passt.

Es gibt Spielleiter, die stets zur rechten Zeit für witzige Auflockerung sorgen und eine ungeheure Animationskraft besitzen. Andere wiederum zeichnen sich durch ihre Ruhe aus. Beide können hervorragende Arbeit leisten, solange sie nicht versuchen, etwas zu verkörpern, das nicht in ihnen steckt.

Die eigene Vorgehensweise mit ihrem typischen Auftreten und Verhalten, lässt sich oft gar nicht so einfach in Worte fassen. Der Versuch lohnt sich aber auf jeden Fall, denn erst, wenn einem der persönliche Stil bewusst geworden ist, kann man im nächsten Schritt überlegen, welche der Anregungen und Vorschläge aus diesem Buch auf die eigene Situation anwendbar sind und wie diese in den persönlichen Stil integriert werden können.

Deshalb empfiehlt es sich, nachzuforschen, worin die eigenen Stärken liegen, und diese auszubauen. Auch ist es wichtig, sich über eigene Schwachpunkte klar zu werden, damit diese dann später bei der Anleitung von Spielen nicht zu Hindernissen werden. Wer die eigenen Schwächen kennt, lernt, besser mit ihnen umzugehen und kann Wege finden, sie zu kompensieren.

Aber das ist alles einfacher gesagt als getan und es dauert eine ganze Weile, bis man seinen eigenen Stil gefunden hat. Auch dann ist es keineswegs so, dass jede Aktion immer ein voller Erfolg wird. Wie schon in der Einleitung erwähnt, sind kooperative Abenteuerspiele immer ein Abenteuer. Im Idealfall für die Spielerinnen und Spieler, aber in jedem Fall für die Leitung. Dieses Buch will Sie ermuntern, sich auf dieses Abenteuer einzulassen, mit bekannten Spielen zu experimentieren, aber auch neue Wege zu gehen und viel Neues auszuprobieren.

Viel Spaß beim Spielen!!!

Literaturverzeichnis

Literaturverzeichnis

1. Abresch, Jürgen (1984): Konkurrenz im Spiel – Spiele ohne Konkurrenz. Gießen: Mondstein Verlag
2. Antons, Klaus (1998): Praxis der Gruppendynamik – Übungen und Techniken. Hogrefe-Verlag: Göttingen
3. Bacon, Stephen (1998): Die Macht der Metaphern (The Conscious Use of Metaphor in Outward Bound). Alling: Dr. Jürgen Sandmann Verlag
4. Baer, Ulrich (1995): Spielpraxis – Eine Einführung in die Spielpädagogik. Seelze-Velber: Kallmeyer
5. Bedacht, Andreas u.a. (Hg.) (1994): Erlebnispädagogik: Mode, Methode oder mehr? München: Fachhochschulschriften Sandmann
6. Csikszentmihalyi, Mihaly. Das Flow-Erlebnis. Jenseits von Angst und Langeweile im Tun aufgehen. Stuttgart (1987): Klett-Cotta
7. Däumling, Alf: Sensitivity Training (1968/1970). In: König, Oliver (Hg.) (1995): Gruppendynamik. Rieden: Profil Verlag GmbH München Wien
8. Fritz, Jürgen (1986): Vom Verständnis des Spiels zum Spielen mit Gruppen. Mainz: Matthias Grünewald Verlag
9. Fritz, Jürgen (1991): Theorie und Pädagogik des Spiels – Eine praxisorientierte Einführung. Weinheim/München: Juventa Verlag
10. Fürst, Walter (1992): Die Erlebnisgruppe – Ein heilpädagogisches Konzept für soziales Lernen. Freiburg im Breisgau: Lambertus
11. Gäde, Ernst-Georg/Listing, Thomas (1992): Gruppen erfolgreich leiten – Empfehlungen für die Zusammenarbeit mit Erwachsenen. Mainz: Matthias-Grünewald Verlag
12. Gass, Michael A. (1995): Book of Metaphors – Volume II. Dubuque IA: Kendall/Hunt Publishing Company
13. Gilsdorf, Rüdiger (2004): Von der Erlebnispädagogik zur Erlebnistherapie. Pespektiven erfahrungsorientierten Lernens auf der Grundlage systemischer und prozessdirektiver Ansätze. Bergisch Gladbach: Edition Humanistische Psychologie
14. Gilsdorf, Rüdiger/Kistner, Günter (1995): Kooperative Abenteuerspiele – Eine Praxishilfe für Schule und Jugendarbeit. Seelze-Velber: Kallmeyer
15. Gilsdorf, Rüdiger/Kistner, Günter (2000): Kooperative Abenteuerspiele Band 2 – Eine Praxishilfe für Schule und Jugendarbeit. Seelze-Velber: Kallmeyer
16. Gilsdorf, Rüdiger/Volkert, Kathi (Hg.) (1999): Abenteuer Schule. Alling: Sandmann
17. Heckmair, Bernd (2000): Konstruktiv lernen – Projekte und Szenarien für erlebnisintensive Seminare und Workshops. Weinheim/Basel: Beltz Verlag
18. Heckel, Jürgen (1999): Frei sprechen lernen – Ein Leitfaden zur Selbsthilfe. München: A1 Verlag
19. Hovelynck, Johan: Facilitating the development of generative metaphors: re-emphasizing participants guiding images. Australian Journal of Outdoor Education 1/1999 (Vol 4)

20. Jugendstiftung Baden-Württemberg (1993): Erlebnispädagogik. Münster: Ökotopia Verlag
21. Keller, Joseph A./Novak, Felix (1979): Kleines pädagogisches Wörterbuch. Freiburg, Basel, Wien: Herder
22. Kistner, Günter (2007): Gemeinsam neue Wege beschreiten – Soziales Lernen durch Kooperative Abenteuerspiele. In: Gruppe & Spiel – Zeitschrift für kreative Gruppenarbeit. Soziales Lernen – Ausgabe 4/2007. Seelze-Velber: Kallmeyer
23. Klippstein, Eberhard/Klippstein, Hildegard (1978): Soziale Erziehung mit Kooperativen Spielen. Bad Heilbrunn/OBB: Verlag Julius Klinkhardt
24. König, Oliver: Einführung und Überblick (1995). In: König, Oliver (Hg.): Gruppendynamik. Rieden: Profil Verlag GmbH München Wien
25. König, Oliver (Hg.) (1995): Gruppendynamik. Rieden: Profil Verlag GmbH München Wien
26. Kron, Friedrich W. (Hg.) (1980): Persönlichkeitsbildung und soziales Lernen. Bad Heilbrunn OBB: Verlag Julius Klinkhardt
27. Kron, Friedrich W.: Der Zusammenhang von sozialem Lernen und Persönlichkeitsbildung. In: Kron, Friedrich W. (Hg.) (1980): Persönlichkeitsbildung und soziales Lernen. Bad Heilbrunn OBB: Verlag Julius Klinkhardt
28 Luckner, Reldan S./Nadler, John L. (1997): Processing the Experience – Strategies to enhance and generalize learning. Dubuque IA: Kendall/Hunt Publishing
29. Luckner, Reldan S./Nadler, John L. (1992): Processing the Adventure Experience – Theory and Practice. Dubuque IA: Kendall/Hunt Publishing Company
30. Mann, Leon (1972): Sozialpsychologie. Weinheim/Basel: Beltz Verlag
31. Malcher, Jutta (1977): Gruppen nicht ohne Dynamik. München: Bardtenberger Verlag GmbH
32. Mueller, Ernst F./Thomas, Alexander (1974): Einführung in die Sozialpsychologie. Göttingen: Verlag für Psychologie – Dr. C. J. Hogrefe
33. Nohl, Herman (1961): Die pädagogische Bewegung in Deutschland und ihre Theorie/ Herman Nohl. Frankfurt a. M.: Schulte-Bulmke
34. Ostenrieder, Mark/Weiß, Michael (1993): Erleben Lernen Kooperieren – Innovation durch erfolgreiches Miteinander. München: Fachhochschulschriften Sandmann
35. Priest, Simon/Gass, Michael A. (1997): Effective Leadership in Adventure Programming. University of New Hampshire: Human Kinetics
36. Rechtien, Wolfgang (1992): Angewandte Gruppendynamik. München: Quintessenz Verlags-GmbH
37. Rechtien, Wolfgang (1995): Zur Geschichte der Angewandten Gruppendynamik (1990). In: König, Oliver (Hg.): Gruppendynamik. Rieden: Profil Verlag GmbH München Wien
38. Reiners, Annette (1999): Praktische Erlebnispädagogik – neue Sammlung motivierender Interaktionsspiele. Augsburg: ZIEL

39. Renner, Michael (1995): Spieltheorie und Spielpraxis – Eine Einführung für pädagogische Berufe. Freiburg im Breisgau: Lambertus
40. Ringer, Martin (1992): The Theory and Practice of Games Leadership. In: Adventure Education 9 (4)
41. Roes, Michael (1996): Rub` Al-Khalie Leeres Viertel – Invention über das Spiel. Frankfurt am Main: Vito von Eichborn GmbH & Co. Verlag KG
42. Rohnke, Karl (1989): Cowtails and Cobras II – A Guide to Games, Ropes Courses & Adventure Curriculum. Dubuque IA: Kendall/Hunt Publishing Company
43. Rohnke, Karl (2004): Funn`n Games. Adventure Games, Initiatives, &Trust Activities for Funn and Faciliation. Dubuque IA: Kendall/Hunt Publishing Company
44. Rohnke, Karl/Butler, Steve (1995): Quicksilver – Adventure Games, Initiative Problems, Trust Activities and a Guide to Effective Leadership. Dubuque IA: Kendall/Hunt Publishung Company
45. Schödlbauer, Cornelia u.a. (Hg.) (1999): Metaphern – Schnellstraßen, Saumpfade und Sackgassen des Lernens. Augsburg: ZIEL
46. Schoel, Jim/Prouty, Dick/Radcliffe, Paul (1988): Islands of Healing – A Guide to Adventure Based Counseling. Hamilton MA: Project Adventure Inc.
47. Schmidt-Grunert, Marianne (1997): Soziale Arbeit mit Gruppen – Eine Einführung. Freiburg im Breisgau: Lamertus
48. Schwäbisch, Lutz/Siems, Martin (1974): Anleitung zum sozialen Lernen für Paare, Gruppen und Erzieher – Kommunikations- und Verhaltenstraining. Hamburg: Rowohlt Taschenbuch Verlag GmbH
49. Senninger, Tom (2000): Abenteuer leiten – in Abenteuern lernen. Münster: Ökotopia Verlag
50. Siebert, Walter/Gatt, Stefan (1998): Zero Accident – Qualitätsstandards für erlebnisorientierte Wirtschaftstrainings. In: Paffrath, F. Hartmut (Hrsg.): Zu neuen Ufern – Dokumentation des internationalen Kongresses erleben und lernen. Alling
51. Sonntag, Christoph (2010): Abenteuer Spiel 2 – Eine Sammlung kooperativer Abenteuerspiele. Augsburg: ZIEL
52. Stroebe W. u.a. (Hg.) (1996): Sozialpsychologie – Eine Einführung. Berlin/Heidelberg/New York: Springer Verlag
53. Wilke, Henk/van Knippenberg, Ad: Gruppenleistung. In: Stroebe W. u.a. (Hg.) (1996): Sozialpsychologie – Eine Einführung. Berlin/Heidelberg/New York: Springer Verlag

Christoph Sonntag

Wurde 1975 in Brühl geboren und ist als Diplom-sozialpädagoge seit 2000 in der Kinder- und Jugendarbeit tätig.
Neben seiner Anstellung als Bildungsreferent der Katholischen jungen Gemeinde im Diözesanverband Köln leitet er Fortbildungen im Bereich „Spielerische Erlebnispädagogik" und gestaltet regelmäßig erlebnis- und spielorientierte Trainings für Teams und Gremien.
Neben dem Buch „Abenteuer Spiel 1 – Handbuch zur Anleitung kooperativer Abenteuerspiele" ist er Autor des Buches „Abenteuer Spiel 2 – Eine Sammlung kooperativer Abenteuerspiele" das auch im ZIEL-Verlag erschienen ist.

E-Mail: c.sunday@gmx.de

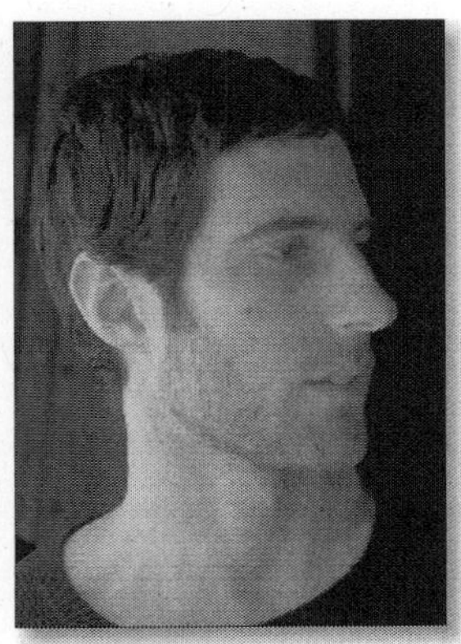

Jochen Plogsties

Wurde 1974 in Cochem an der Mosel geboren. Er ist Meisterschüler der Hochschule für Grafik und Buchkunst, Leipzig.
Seine Arbeit wird in nationalen und internationalen Ausstellungen gezeigt.
Er wird vertreten durch die Galerie ASPN, Leipzig.

Internet: www.ASPN-Galerie.de

Christoph Sonntag

Abenteuer Spiel 2

Eine Sammlung kooperativer Abenteuerspiele
220 Seiten, Format 20 x 24 cm
zahlreiche Abb. / 89 Spiele und Übungen
19,80 € (D) / 20,40 € (A) / 35,00 sFr
ISBN 978-3-940 562-45-6 (Softcover)

„Abenteuer Spiel 2“ ist eine Entdeckungsreise: Erlebnispädagoge Christoph Sonntag stellt 89 unkomplizierte Spiele, spannende Kooperationsaufgaben und ereignisreiche Reflexionsmethoden für Gruppen vor. Mit Materialien wie Gummihühnern, Schlumpffiguren, Kletterseilen, Toilettenpapier oder Holzklötzen schafft er eine faszinierende Welt voller Abenteuer.

Besondere Schätze sind die sechs Spielketten, in denen Christoph Sonntag mit zusammenhängenden Geschichten verschiedene Spiele miteinander verknüpft: So reisen die Spielerinnen und Spieler als Piraten auf der Suche nach dem Schatz über die Meere oder versuchen als Einbrechergang eine wertvolle Edelsteinsammlung aus dem Museum zu stehlen.

Alle Anleitungen sind mit praxiserprobten Hinweisen zur Umsetzung und einem anschaulichen Foto zur Erklärung versehen. Zusätzlich bietet das Buch Einführungen in den Aufbau und die Möglichkeiten von Spaß- und Abenteuerspielen sowie ein Extrakapitel zur Anleitung und Gestaltung von Reflexionen.

Fordern Sie den aktuellen Verlagskatalog an oder sehen Sie ins Internet: www.ziel-verlag.de

Bestellungen bitte an:

ZIEL - Zentrum für interdisziplinäres erfahrungsorientiertes Lernen GmbH
Zeuggasse 7–9, 86150 Augsburg
Tel. (08 21) 420 99 77, Fax (08 21) 420 99 78
E-Mail: verlag@ziel.org

Die Bücher unserer „gelben Reihe“ zu erlebnispädagogischen und handlungsorientierten Themen – meist im Hardcover – sind eine ideale Verknüpfung von theoretischem Wissen und Anwendung in der Praxis. Die anregende und abwechslungsreiche Gestaltung, anschauliche Grafiken und die verständliche Sprache erhöhen den Gebrauchswert der Publikationen.

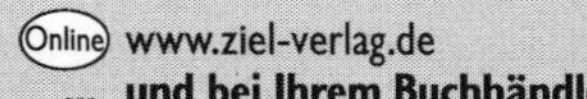

... und bei Ihrem Buchhändler!